질문으로
시작하는
철학 입문

질문으로 시작하는 철학 입문

초판 1쇄 발행   2022년 10월 30일

지 은 이   가게야마 요헤이
옮 긴 이   오정화
펴 낸 이   한승수
펴 낸 곳   문예춘추사

편   집   이상실
디 자 인   박소윤
마 케 팅   박건원, 김지윤

등록번호   제300-1994-16
등록일자   1994년 1월 24일

주   소   서울특별시 마포구 동교로 27길 53, 309호
전   화   02 338 0084
팩   스   02 338 0087
메   일   moonchusa@naver.com

I S B N   978-89-7604-556-0 03100

* 이 책에 대한 번역 · 출판 · 판매 등의 모든 권한은 문예춘추사에 있습니다.
  간단한 서평을 제외하고는 문예춘추사의 서면 허락 없이 이 책의 내용을
  인용 · 촬영 · 녹음 · 재편집하거나 전자문서 등으로 변환할 수 없습니다.
* 책값은 뒤표지에 있습니다.
* 잘못된 책은 구입처에서 교환해 드립니다.

질문으로 시작하는 철학 입문

세상에서 가장 지적인 '위로',
나를 찾아가는 철학 여행

가게야마 요헤이 지음
오정화 옮김

문예춘추사

아리스토텔레스에서 마르크스, 가브리엘까지
2600년 동안 철학자는 무엇을 탐구해 왔을까?
철학의 기본 문제에 관한 이해와 철학자의
학설과 사상을 쉽게 이해하는 서양 철학 입문

철학적 '질문'은 인간에 대한 찬가

　이 책은 인간의 언어활동인 '질문'을 키워드로 철학의 기본 문제에 대해 이야기한다.

　'질문'이란 무엇을 하는 행위일까? 종종 직장이나 학교에서 '자신에 대한 질문을 갖고'라는 말을 듣는다. 그럴 때는 해결해야 하는 사회적 니즈나 밝혀내야 하는 학문의 주제를 스스로 찾아내는 것이 요구된다. 또한 우리는 개인의 생활에서도 진학과 취직, 이직, 나아가 결혼 등 인생의 갈림길에서 어떻게 살아가야 하는지, 자신에게 질문을 던진다. 이때 필요한 것은 자신에게 가장 어울리는 선택을 위해 심사숙고하는 것이다. 나아가 사회나 인류에 관한 더 넓은 범위의 질문도 존재한다. 예를 들어 '어떤 연금 제도를 구축해야 하는가', '이웃 나라와 어떻게 지내야 하는가' 등 정치적인 질문이 있다. 또 '기후 위기와 같이 전 세계가 직면한 상황에 어떻게 대처해야 하는가'라는 인류의 생존을 둘러싼 질문도 있다.

이러한 '질문'에 과연 '답'이 존재할까? 물론 많은 사람이 만족할 수 있는 학교나 직장, 이해할 수 있는 연금 제도를 만든다면, 그것은 하나의 답이 될 수 있다. 그러나 이는 임시적인 답에 불과하다. 다시 말해 모든 의문을 해소하는 완전한 해답은 아닌 것이다. 현재의 학교나 직장에 만족하고 있다는 것은 실제로 그곳에 몸을 담고 있는 시점에서 하는 생각일 뿐, 만약 다른 학교나 직장에 있다면 더욱 충실한 생활을 보내고 있을지도 모른다. 또한 많은 사람이 이해할 수 있는 연금 제도가 있다고 해도, 그것은 당연히 이해하지 않는 사람이 감내하기 때문에 완성된 제도이며, 납득한 사람이라도 다른 사람을 배려한 타협의 자세일 수 있다. 이렇게 '답'이 존재한다고 하더라도, 우리는 언제나 다른 선택도 할 수 있는 갈림길에서 계속 헤매고 있다. '답'은 '질문'을 새롭게 만들어내는 것뿐이다. 그 무력함에는 인간이라는 사실의 근본적인 슬픔이 존재한다.

이처럼 끝없이 불안정한 상황을 반복하는 것뿐이라면, '질문'은 헛된 행위가 아닐까? 오히려 질문을 던지지 않고 그때그때의 상황에 몸을 맡기는 것이 행복이 아닐까? 질문하기 위해서는 세계의 불확실성으로부터 눈을 돌리지 말고 이를 받아들여야만 한다. 이것만으로도 쉽지 않은데, 자신에 관한 질문에 열심히 몰두한 결과가 또 다른 불확실성과의 직면이라면, '질문'이라는 행위는 결국 헛수고가 될 것이다. 고대 그리스 신화의 시시포스처럼, 저승에서 영원히 커다란 바위를 산 정상으로 밀어올리는 것 같은 허무함이 여기에 존재한다.

하지만 우리는 질문을 던져야만 한다. 왜냐하면 불확실성과 마주한 질문은 불확실한 세계의 한가운데에서 살아가는 우리의 삶을 긍정하고 책임지는 것이기 때문이다. 이 세계에는 셀 수 없이 많은 사람들이 저마다 둘도 없이 소중한 인생을 살아가며 밤하늘의 별처럼 수수께끼로 가득한 각각의 현실과 마주하고 있다. '질문'이라는 행위는 스스로 자신의 안에서 그 빛을 찾는, 이른바 인간이라는 사실을 다시 한번 깨달아가는 행위다.

이 책의 목표는 철학의 고유한 여러 가지 '질문'을, 인간임을 드러내는 인간에 대한 '찬가'로서 표현하는 것이다. 찬가는 영어로 '힘(hymn)'이라고 하는데, 그 어원인 고대 그리스어 힘노스(hymnus)는 원래 신들과 영웅을 찬양하는 노래를 의미했다. 그에 비유하여, 이 책의 찬가는 당연히 독자 여러분을 포함한, 인간을 향하고 있다. 인간은 현재를 살아가기 위해 불확실한 미래에 대해 질문을 던진다. 그 질문은, 많은 사람들의 다양한 삶에 따라 인생의 선택부터 연금 제도, 기후 위기까지 매우 다양하다. 그렇지만 질문의 언어는 본인의 존재를 뛰어넘어, 그를 받아들이는 다른 사람과도 연결되어 있다. 사람들은 질문의 언어를 만들어 다양한 질문이 펼쳐질 수 있는 유일한 공간을 구성한다. 철학적 질문의 목표는 그 유일한 공간으로 거슬러 올라가, 질문을 던지는 인간 자체의 존재 방식을 밝히는 것이다.

　다만 철학은 '인간이란 이런 존재다'라며 위에서 내려다보는 시선으로 말할 수 없다. 오히려 철학은, 철학자 본인에게는 절대 손이 닿지 않는, 각각의 현실을 살아가는 많은 사람의 마음속을 향해 말을 건네고 있다. 누군가가 깨닫고 받아들여, 자신만의 '질문'을 살아갈 가능성을 깨닫기 바라는, 그런 언어의 행위가 바로 철학이다. 그런 의미에서 철학적 '질문'은 인간에 대한 찬가라고 할 수 있다.

　이 책은 다음과 같이 전개된다. 처음에는 이 책의 핵심 키워드인 '질문'이 철학적으로 중요한 이유를 설명한다. 여기에서는 '질문'이야말로 21세기 철학의 근본 과제라고 이야기한다. '질문'이라는 언어활동은 철학에서 다루는 여러 사상에서 공통으로 볼 수 있는 불확실성을 드러내는 철학의 궁극적인 원천이다.

　다음으로 철학의 다양한 기본 주제에 관해 '질문'을 키워드로 삼아 살펴본다. 구체적으로는 존재, 범주, 실재, 세계, 시간과 공간, 자기와 타인, 신체, 탄생과 죽음이라는 개념에 대해 이야기한다. 이들은 사람이 살아가는 현실의 가장 기본이 되는 것이다. 사람의 생활은 각양각색이지만 여러분도, 그리고 다른 모든 사람도 이러한 요소들을 전제로 하고 있다. 그러므로 이를 배운다면 사람이 살아가는 전체적인 현실을 조망하는 보편적 시야가 펼쳐질 것이다. 다만 여기에는 '이것만이 진리'라고 결정할 수 있는 유일한 '답'은 존재하지 않는다. 현실 자체가 불확실하기 때문이다. 이 불확실성 때문에, 질문을 던지는 자 본인을 포함한 현실의 모든 것은 불확실성과 마주하는 '질문'에 집약되고 그로부터 다시 새롭게 나타난다.

이러한 개념은 인생의 고민이나 연금 제도 등의 구체적인 '질문'으로 바로 연결되지 않는다. 오히려 철학의 역할은 여러 가지 선택의 기로에 놓였을 때, 불확실성과 마주하고 방황하는 인간의 본연의 자세를 파악하는 것이다. 매일의 생활이 괴롭더라도, 기후 위기에 대한 해결방안을 고민한다고 하더라도, 우리가 직면한 현실의 불확실성 자체를 자각하고, 그것을 폭넓은 관점에서 새롭게 파악해야 한다. 언뜻 보기에 매우 추상적인 철학의 이론은 그를 위해 존재하는 것이다. 철학적 '질문'은 그렇게 시작하여 개개인의 삶에 대한 '질문'으로, 그리고 무언가를 선택하는 결의로 이어진다.

이 책은 철학에 흥미가 있는 사람을 위해 '철학 입문용'

으로 집필되었다. 또 철학에 그다지 관심 없는 사람도 '철학은 처음 접하지만, 이런 이야기를 하는구나'라며 철학의 기본 문제에 관해 통찰력을 가질 수 있도록, 중요한 철학자와 그들의 주요 학설에 대해서도 어느 정도 다루고 있다. 하지만 이 책은 전문 용어나 철학자의 이름을 알지 못해도 사상을 이해할 수 있도록 쓰여 있다. 모르는 철학 용어는 마음에 두지 말고 쭉쭉 읽어내려가기 바란다. 철학이 묻는 말은 철학자만의 것이 아닐 뿐더러, 애초에 철학자의 소유물도 아니다. 이 책은 철학의 말들이 여러분에게 녹아들어 자신에 대한 '질문'을 시작할 수 있도록 하기 위해 존재한다.

차례

제1장

'질문을 던지는 자'로서의 인간

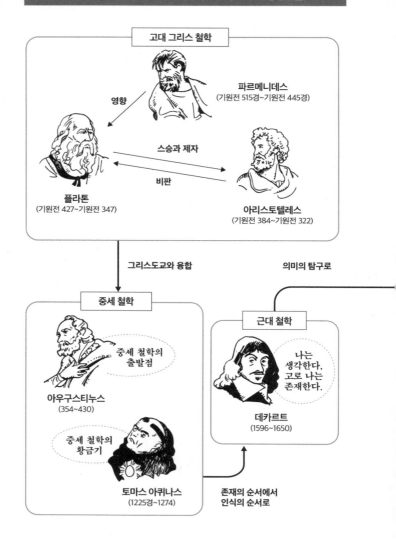

철학에 관해 주고받은 대화의 발자취 (제1장의 주요 등장인물)

고대 그리스 철학

파르메니데스
(기원전 515경~기원전 445경)

영향

스승과 제자

비판

플라톤
(기원전 427~기원전 347)

아리스토텔레스
(기원전 384~기원전 322)

그리스도교와 융합

의미의 탐구로

중세 철학

근대 철학

중세 철학의
출발점

아우구스티누스
(354~430)

중세 철학의
황금기

토마스 아퀴나스
(1225경~1274)

존재의 순서에서
인식의 순서로

나는
생각한다,
고로 나는
존재한다.

데카르트
(1596~1650)

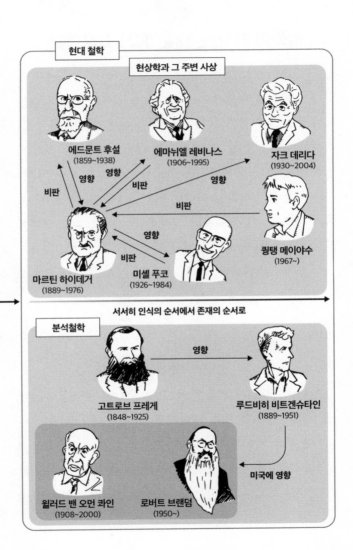

현대 철학

현상학과 그 주변 사상

에드문트 후설
(1859~1938)

에마뉘엘 레비나스
(1906~1995)

자크 데리다
(1930~2004)

비판 영향 영향

비판 영향

비판

마르틴 하이데거
(1889~1976)

영향

비판

미셸 푸코
(1926~1984)

퀑탱 메이야수
(1967~)

서서히 인식의 순서에서 존재의 순서로

분석철학

고트로브 프레게
(1848~1925)

영향

루드비히 비트겐슈타인
(1889~1951)

미국에 영향

윌러드 밴 오먼 콰인
(1908~2000)

로버트 브랜덤
(1950~)

철학의 역사는 '질문'에서 시작했다

먼저 철학적 질문이 각자의 고유한 질문을 위해 사람들에게 호소하는 행위였다는 역사적 기록을 살펴보자. 사실 이러한 질문은 고대 그리스부터 현대에 이르기까지 폭넓게 발견할 수 있다. 여기에서는 대표적으로 고대 철학자인 플라톤과 현대 철학자인 하이데거를 소개한다. 지금부터 철학의 역사는 질문으로부터 시작한다는 것, 그리고 현대에도 철학의 밑바탕에는 언제나 질문이 꿈틀거리고 있다는 것을 느껴보기 바란다.

소크라테스의 질문

혹시 고등학교 윤리 등의 수업 시간에 플라톤(기원전 427~기원전 347)의 초기 대화편인 《소크라테스의 변론》의 내용을 다룬 적이 있는가? 플라톤의 스승인 소크라테스(기원전 469/470~기원전 399)는 아테나이(고대 아테네의 이름)의 시민으로, 정치인, 시인, 장인 등 지자(知者)라고 불리는 사람을 붙잡고 '질문'을 던져 그들의 지식에 기본이 없다는 사실을 들추어냈다. 그 결과, 소크라테스는 젊은이들에게 억지 이론과 무신론을 주입하는 죄인이라며 그에게 적의를 품은 집단에게 고발되었다. 법정에 불려간 소크라테스는 억울함을 주장하며 늘어앉은 시민 배심원을 향해 이렇게 말했다.[1]

그들의 수많은 거짓말 중 특히 나를 경악하게 만든 한 가지는 내가 엄청나게 뛰어난 달변가이기에, 여러분이 나에게 속지 않도록 주의해야 한다는 말입니다. (…) 혹시 그들은 진실을 말하는 사람을 '엄청난 달변가'라고 부르는 것은 아니겠지요.

주변 사람들에게 질문하는 소크라테스의 이야기가 '엄청난' 변론이었다는 고발자의 경고에 대해, 소크라테스 본인은 그것을 부정하면서 '진실을 말하는 것'을 '엄청나다'라고 하는 것은 옳지 않다고 했다. '엄청나다'의 어원인 '데이논(deinon)'에는 '두렵다' 혹은 '불쾌하다'라는 의미도 있다. 그렇다면 소크라테스의 표현에서는, 상식을 의심하지 않는 일상의 언어활동에서 본 철학적 질문의 이상함(뛰어난 식견

---

1 《소크라테스의 변론》, 플라톤

을 무너뜨리는 궤변)과 철학적으로 묻는 사람이 스스로 나서서 떠맡는 이상함(진실을 말하는 것)의 양면적인 '엄청남'을 간파할 수 있다. 철학적 질문에는 사람들과의 대화를 동요시키는 이상함이 있는 것이다.

그렇다면 질문하는 철학자가 말하는 '진실(aletheia)'이란 무엇일까? 바로 철학자뿐만 아니라 모든 인간은 지(知)를 가지고 있지 않은, 다시 말해 무지라는 불확실성에 맞서야 한다는 것이다. 플라톤을 연구하는 일본의 노토미 노부루 교수는, 소크라테스의 질문은 함께 살아가는 사람들이 확실한 지(知)를 갖고 있지 않다는 사실을 들추어내면서, 동시에 소크라테스 자신도 지(知)가 부족하다는 자각을 깊어지게 한다고 이야기한다. 이에 따라 질문에 대해 대화를 나누는 소크라테스와 아테나이 시민은, 인간에 어울리는 '모른다'라는 불확실한 사실에 발이 묶이게 되었다. 자신에게 어울리는 사람이 되려는 질문이라는 행위를, 소크라테스는 '영혼에 대한 배려'라고 불렀다. 여기에서 철학적 질문이 철학을 뛰어넘어, 사람들 내면을 향해 질문을 던지는 모습을 엿볼 수 있다.

그렇다고 하더라도 이는 일상의 사람들에게 매우 위험한 활동으로 보인다. 왜냐하면 정치가가 말하는 선(善) 등의 다양한 상식은 일상생활을 전제로 하고 있는데, 철학적 질문은 답이 없는 불확실한 것이기에 그들의 상식을 무너뜨리기 때문이다. 그렇게 질문을 권하는 소크라테스는 영혼을 배려하고 싶지 않은 사람들에 의해 사형을 선고받았다.

동굴 속 죄수

그 후, 사상이 가장 원숙한 시기의 플라톤이 쓴 《국가》에는 소크라테스의 재판을 바탕으로 한 '동굴의 비유'라는 유명한 우화가 등장한다. '동굴의 비유' 이야기는 이렇다.

깊은 동굴의 끝에, 태어나면서부터 계속 목이 고정되어 벽에 비치는 그림자만 볼 수 있는 죄수들이 있었다. 그들은 당연히 그림자만이 진정한 존재자라고 믿었다. 하지만 누군가가 한 죄수를 동굴 밖으로 끌어냈다. 죄수는 현기증이 났지만, 일단 들판이나 호수 등 살아 있는 것을 바라보고, 그다음에는 보는 것 자체를 가능하게 하는 태양을 올려다보았다. 이것은 만물의 진리(이데아)를 파악하는 철학 지식에 비유된다. 나중에 밖으로 나온 죄수는 철학자로서, 다시 동굴로 돌아가 다른 죄수들을 빼내려고 시도했다. 그러나 그림자밖에 본 적이 없는 동굴 안의 사람들은 태양에 대한 얘기를 듣고도 전혀 이해하지 못했다. 게다가 철학자(소크라테스)는 그를 위험하게 생각한 죄수들에게 죽임을 당하고 말았다.

이 비유에서는 '영혼에 대한 배려'를 호소하는 은사 소크라테스의 '질문'이, 독립한 플라톤이 구축한 웅장한 이데아론 체계의 바탕에 언제나 작용하고 있음을 알 수 있다. 왜냐하면 빛의 기원을 향해 동굴로부터 빠져나오게 된 것도, 동굴로 돌아가 다른 죄수들에게 말을 걸어 살해당한 것도, 소크라테스의 '질문'의 '엄청남(deinon)', 즉 철학적 질문이 일상의 언어 공간에 주는 위화감을 나타내는 것과 마찬가지이기 때문이다.

하이데거의 질문

20세기 최고의 철학자라고 불리는 마르틴 하이데거(1889~1976)도, 그리스의 비극 시인 소포클레스의 《안티고네》에 나온 '인간보다도 무서운(deinon) 존재는 없다'라는 표현을 길잡이로 삼아 '질문'에 대해 이야기했다. 그에게 인간의 본질은 질문 가능한 것이다. 바로 그것이 인간을 차별화된 존재로 만든다.

하이데거는 자신의 저서 《존재와 시간》(1927)에서 이를 확실하게 내세우고 있다. 여기에서 그는 인간을 '현존재(Dasein)'라고 부르는데, 현존재의 가장 첫 번째 정의는 '질문을 던지는 자'이다. 이 정의의 포인트는 질문하기 위한 전제, 즉 문제가 되는 사항의 불확실성을 현존재가 언제나 받아들이고 만다는 것이다. 사항의 불확실성을 알지 못한다면 질문할 필요가 없으며, 애초에 '묻다'라는 동작의 의미도 이해할 수 없기 때문이다. 이러한 점에서 하이데거는 소크라테스와 똑같이, 현실의 불확실성에 맞서는 것이 인간의 본질이라고 인식했다.

흥미로운 점은 '질문을 던지는 자'가, 하이데거가 논하는 철학의 주제를 거의 망라할 정도로 다양한 사항의 모든 바탕이 된다는 점이다. 이는 앞에서 언급한 '동굴의 비유'와도 공통적이다.

하이데거는 《존재와 시간》의 서론에서, 그의 철학 프로젝트('존재의 질문')에서는 무엇을 문제삼고 있는지 간략하게 서술하고 있다. 순서를 설명하면, 우선 만물의 존재 자체와 그에 '질문을 던지는 자'인 현존재, 다시 말해 인간에 대해 이야기한다(제1~2절). 그리고 물리나 생물, 문화물 등 다원적 영역으로 나누어지는 모든 실재(제3절)와 그저 전체 속에서 살아가는 '나'와 타인(제4절)을 다루고 있다. 이는 존재하는 모든 사상을 존재자로서 구성하는 데 필요한 순서로 나열한 것이다. 다음 〈도표 1〉의 원에 그려진 '존재의 순서' 화살표가 그 순서를 나타낸다. 그리고 그는 이러한 사상에 몰두하는 철학적 탐구가 나아가야 할 길을 설명하는데, 그 길은 중의적이다. 반면 탐구는 '나'의 가까이에 있는 일상에서 출발하여, 마지막에는 모든 존재자에게 공통하는 존재의 일원적 의미를 목표로 한다(제5절). 이 탐구의 경로는 〈도표 1〉의 '인식의 순서' 화살표가 나타내고 있다. 다른 한편으로는 똑같은 탐구가 '나'와는 다른 시점에 선, 과거 타인의 존재론과의 대화에 휘말리는 다원적인 성격도 갖는다(제6절). 제5절과 제6절에서 볼 수 있는 이런 탐구의 중의적인 특징은 〈도표 1〉에서 '일원적'과 '다원적'으로 표현되었다. 이렇게 《존재와 시간》에서는 제1절부터 제6절까지 철학이 문제삼을 수 있는 사상과, 철학이 나아가야 할 탐구의 전체상을 그리고 있다. 이는 하이데거 철학의 거의 모든 것을 묘사한 장대한 구도다.

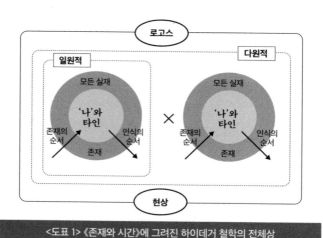

<도표 1> 《존재와 시간》에 그려진 하이데거 철학의 전체상

'로고스'의 근원적 의미

그러나 이것이 전부는 아니다. 하이데거는 이 구도 전체의 전제로서 '질문을 던지는 자'를 규정한다. 이는 하이데거가 《존재와 시간》의 제7절에서 다루는 '현상학(phenomenology)'이라는 방법 개념에서 읽어낼 수 있다. 여기에서는 특별히 '현상학'을 구성하는 근거로서, 그가 분석하는 '로고스'의 개념에 주목하려고 한다.

《존재와 시간》의 핵심 용어인 '로고스'는 다른 시점에 선여러 사람이 서로 이야기를 주고받으며 화제가 되는 사항을 확실히 하는 것을 의미한다. 하이데거의 표현으로는 '질문을 던지는 자(매체)에 대해, 즉 상호 공통적으로 이야기하는 자들에 대해 이야기의 주제인 무언가를 보이도록 하는 것(sehen lassen)'이다.[2] 하이데거는 '로고스'라는 단어에 '이성'과 '근거', '관계', '정의' 등 고대 그리스보다 다양한 의미를 부여했다. 그는 이러한 의미보다 앞선 가장 원초적 의미를 '여럿이 이야기를 주고받으며 사항을 분명히 하는 것'이라고 말하는 것이다.

구체적인 사례로 '빨간색이 보인다'라는 상황을 생각해보자. 누군가 이 사건의 원인에 대해 질문한다면, 예를 들어 '특정 파장의 빛'이라고 대답할 수 있다. 이때 대화를 통해

---

2 《존재와 시간(Sein und Zeit)》(1927), 마르틴 하이데거

시각으로부터 독립한 객관적인 물리 현상으로서의 '빛'을 확실히 할 수 있다. 또 더 파고들면, 시각이나 빛뿐만이 아니라 자연의 인과관계 자체도 답이 될 수 있다. 이 경우, '자연'은 대화에 따라 원인과 결과의 관계에 의해 성립하는 것으로서 나타난다. 물론 누군가의 반론으로 우리가 설득당하는 경우도 있을 수 있지만, 그때는 다른 사항이 확실해질 수 있다. 이처럼 '로고스'란 대화로 무언가가 '보일 수 있도록' 하는 것을 의미한다. 로고스가 사항 자체인 '현상'을 보이도록 하는 것이 바로 하이데거가 생각하는 '현상학'이다. '현상학' 자체는 매우 추상적인 개념으로, '무언가를 발견하는 것'과 '발견할 수 있는 사항'의 관계를 형식적으로 표현한 것뿐이다. 그렇지만 〈도표 1〉의 '현상'과 '로고스'에서 나타난 것처럼, 이로써 하이데거가 다루는 사상과 탐구의 장대한 범위를 포괄적으로 파악할 수 있게 되었다. 하이데거 철학의 모든 부분에 '현상'과 '로고스'의 관계가 침투하고 있는 것이다.

이때 특히 중점을 둔 부분이 바로 '로고스'의 개념이다. 게다가 이 개념은 질문함으로써 사항을 '보이도록 하는' 인간을 나타낸다. 그는 현상학 개념을 정리한 결론을 다음과 같이 말했다.[3]

---

3 《존재와 시간(Sein und Zeit)》(1927), 마르틴 하이데거

철학은 보편적으로 현상학적인 존재론이며, 그것은 현존재의 해석학에서 출발한다. 실존의 분석론인 해석학은 모든 철학적 질문을 이끌고 가는 양끝을, 그것이 피어오르기 시작하고, 다시 돌아가야 하는 곳에 단단히 못을 박았다.

하이데거는 모든 철학적 '질문'의 행위가 '실존', 즉 질문을 던지는 자 본인에서 출발하여 마지막에 다시 그곳으로 돌아간다고 생각했다. 다르게 말하면 존재나 자연, 그 외의 어떤 것에 대해 묻는다고 하더라도, 결국 모든 행위는 질문을 던지는 자 본인에게 귀착한다는 것이다. 왜냐하면 사항을 '보이도록' 하는 질문을 던지는 자가 존재하지 않는다면, 애초에 어떠한 사항도 나타낼 수 없는 것이 당연하기 때문이다. 그런 의미에서 '질문을 던지는 자'는 하이데거 철학의 모든 사상이 그를 향해 집약되는 결절점이라고 할 수 있다.

하이데거의 질문에 따른 분단

소크라테스의 재판과 마찬가지로, 하이데거 철학의 '질문'의 이상함도 세계사의 한 페이지에 새겨져 있다. 1933년, 히틀러 정권이 수립된 독일은 전체주의와 세계 대전, 그리고 대량 학살이라는 파멸의 길을 걷기 시작했다. 같은 해, 나치에 입당한 하이데거는, 프라이부르크대학 취임사인 〈독

일 대학의 자기주장〉에서 철학적 질문과 민족 공동체의 관계를 다음과 같이 표현했다.[4]

학문이란, 언제나 자기 자신을 감추는 모든 존재자의 중심에서 묻고 또 묻는 것이다.

그리스 사람에게 학문은 '문화재'가 아닌, 모든 민족적-국가적 현존재를 가장 깊은 핵심으로 규정하는 중추이다. (…) 그들에게 학문은 (…) 모든 현존재를 첨예하게 만들고, 감싸 안는 위력적인 것이다.

파스칼이 우주에서 가장 나약하지만 사고 능력을 갖춘 인간을 '갈대'에 비유한 것과 비슷한 방식으로, 하이데거는 무력하게 내던져진 세계의 불확실성에 직면하여 질문을 던지는 것이 바로 '학문'이며, 인간의 본질적인 무력함을 떠맡은 '학문'이야말로 민족과 국가 등 인간 공동체의 근간이라고 말했다. 이는 소크라테스의 질문이 여러분 자신을 포함한 사람들을 향해 자신에게 알맞은 사람이 되려고 하는 영혼에 대한 배려를 호소하는 것과 비슷하다. 그러나 특정 정

---

4 저자 옮김, 참조:《30년대의 위기와 철학》(1999), 마르틴 하이데거 외, 시미즈 타키치, 데가와 세이지 편역, 헤본샤 출간 (한국 미출간)

치 세력과 결합한 하이데거의 질문은 전혀 다른 '대단함'을 띠고 있다. '묻는가, 묻지 않는가'에 대한 철학적 수행의 구별'과 '한 공동체와 다른 공동체의 구별'은 근본부터 다른 이야기다. 하지만 하이데거는 이 둘을 하나로 보고, 철학적 질문을 담당하는 독일 민족과 그렇지 않은 유대인이나 미국인 등의 다른 사람들 사이에 선을 그어버렸다. 이렇게 현실의 민족 국가가 법정의 소크라테스처럼 여러 국가를 향해 자기 주장을 하는 영웅적인 자기상(르상티망의 함정이지만)이 탄생했다. 오늘날 또다시 세계를 침식하는 사람들이나 국가, 집단의 분단이 철학적 질문과 결부된 모습을 여기에서 인정할 수 있다. 하이데거의 연설은 독일과 마찬가지로 군국주의로 전락한 1930년대 일본의 철학자에게도 큰 영향을 주었다.

질문은 철학의 가장 근원적 사항

지금까지 철학에서 '질문'의 근원성을 역사적으로 확인했다. 하지만 아직까지 '질문'이 어떤 의미에서 근원적이라는 것인지는 불분명하다. 이에 대해 기본이 되는 논점을 확인해보도록 하자.

궁극적으로 선행하는 것

철학은 일반적으로 근원, 다시 말해 어떤 의미에서 '다른 사항보다 앞서는 것'을 탐구한다. 예를 들어 '우주의 시작은 무엇일까'라는 자연철학적 질문은 현재의 모든 우주에 시간적으로 선행하는 것을 향하고 있다. 또한 '법률은 왜 타당성을 갖는가'라는 법철학적 질문은 개별 법률의 조문에 선행하는, 본래 법률이 법률로서 의미를 갖기 위한 조건을 향하고 있다. 고대 그리스에서는 이렇게 선행하는 것을 통틀어 '아르케(arche)'라고 불렀다. 현대에는 근원에 대한 질문의 무의미함과 폭력성을 지적하는 다소 굴절된 성향의 철학자도 있다.

그렇지만 우주나 법률이 이루어지는 과정을 더듬어가기만 한다면, 우주학자나 법학자가 더욱 뛰어날 것이다. 그들은 실제로 매일 우주를 관찰하고, 법률 조문에 매일 몰두하고 있기 때문이다. 그러면 철학에 어울리는 주제는 과연 무엇일까? 바로 우주나 법률, 또 다른 어떤 것이든, 모든 다른 내용보다 앞서는 '궁극적으로 선행하는 것'에 대한 질문이다. 약 2,600년이라는 철학의 역사 속에는 이에 대한 다양한 답이 등장하고 있다. 이러한 대답의 다양성에는 고대부터 현대에 이르는 철학사상의 지각 변동이 반영되어 있다. 지금부터 그 답을 살펴보면서, 그러한 전통적인 선행하는 것에 대해 '질문'의 행위가 더욱 앞선다는 점을 설명하겠다.

크게 정리하여 철학의 역사에서 궁극적으로 선행하는 것은 두 가지 순서로 생각할 수 있다. 아리스토텔레스의 표현을 빌리자면, 본성에서 선행하는 것인 '존재의 순서'와 우리에게 선행하는 것인 '인식의 순서'다.

존재의 순서

존재의 순서란, 무언가가 존재하기 위해 전제되는 것의 순서를 말한다. 예를 들어 도쿄역도, 웜뱃도 3차원으로 확장되는 물체가 없다면 존재할 수 없다. 이때 존재의 순서에서 '3차원 물체'는 도쿄역이나 웜뱃보다 앞선다. 결국 존재의 순서에서 궁극적으로 선행하는 것이란, 물체는 물론 삼각형과 같은 수학적 대상이나 셜록 홈스와 같은 허구의 인물을 포함한, 모든 종류의 존재자가 존재하기 위해 전제되는 것이라고 할 수 있다. 그렇다면 과연 그것은 무엇일까? 이 질문에 대한 고전적인 해답으로 '존재'를 말할 수 있다.

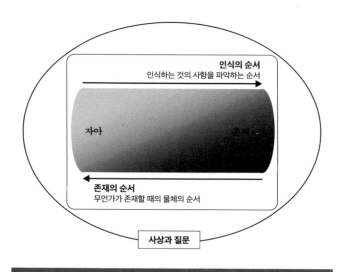

<도표 2> 철학적 탐구를 뒷받침하는 체계와 그 전제가 되는 사상과 질문

존재란 '있다'라는 것을 말한다. 도쿄역도, 웜뱃도 '있다'라고 말할 수 있으며, 삼각형도, 셜록 홈스 또한 '있는' 것이

다. 물론 셜록 홈스는 물체처럼 존재하는 것은 아니지만, 적어도 그를 '탐정이다'라고 말할 수 있다. 이처럼 '있다'가 무엇이든, 이는 모든 존재자에게 동일하게 적용되는 개념이며, 또 모든 존재자가 각각의 방식으로 성립할 때 반드시 전제가 되는 사실이다. 그런 점에서 '존재'는 존재의 순서에서 모든 존재자보다 선행한다(도표 2). 존재를 주제로 삼은 최초의 철학자는 소크라테스 이전 시기의 철학자 파르메니데스(기원전 515경~기원전 445경)다. 그는 존재를 지나간 과거도, 앞으로 다가올 미래도 없는 '영원한 지금'이라고 생각했다. 왜냐하면 과거도, 미래도 어떤 의미에서 존재하는 이상, '있다'라는 것은 시간적으로 지나가버리는 비존재로 변하지 않고 언제나 앞에 나타나기 때문이다. 그리고 파르메니데스보다 이후 세대에 태어난 플라톤은 이러한 존재 개념을 수용하여, 시시각각 흘러가는 감각적 표현을 뛰어넘은 동일성(책상 자체, 선(善) 자체 등)에 의해 존재자를 그로 존재하게 하는 이데아(idea)의 개념을 제창했다. 또 그의 제자였던 아리스토텔레스(기원전 384~기원전 322)는 이데아론을 비판적으로 바라보고, '무엇인가'를 결정하는 형상(eidos)을 감각되는 실체(ousia)에 내재화했다. 이는 예를 들어 책상을 책상답게 하는 본질은 눈으로 보고 손으로 만질 수 있는 각 책상에 있다는 말이다.

또한 존재뿐만 아니라, 신 또한 존재의 순서에서 선행하는 것으로 간주되었다. 아우구스티누스(354~430)나 토마스 아퀴나스(1225경~1274)로 대표되는 중세 철학은 플라톤(혹은 신플라톤주의)과 아리스토텔레스를 계승하면서, 이를 그리스도교 등 일신교의 '무(無)에서의 창조'설에 연결했다. 여기에서 만물의 본질(이데아나 형상)을 설계하는 것뿐만 아니라 그를 현실에 존재하게 하는 것, 다시 말해 만물에 존재를 부여하는 대상으로서 신의 개념이 탄생했다. 이렇게 고대와 중세 철학에서는 대체로 존재의 순서에 따라 선행하는 것에 대한 탐구가 이루어졌다.

인식의 순서

반면 인식의 순서는, 인식하는 과정에서 사항을 받아들이는 순서, 즉 파악하고 이해하는 행위가 성립하는 순서를 말한다. 예를 들어 자연계와 우리 인간으로 생각해보자. 당연히 자연계의 물질이 존재하지 않는다면 인간 역시 존재하지 않는다. 그렇기 때문에 존재의 순서에서는 자연이 인간보다 앞선다. 그러나 '자연이 인간보다 선행한다'라고 주장하기 위해서는, 그에 앞서는 다양한 것들을 이해해야만 한다. 예를 들어 '자연과 인간은 똑같은 물질로 이루어져 있다'나 원래 '인간에게는 신체와 정신이 있다' 등의 이해다.

다시 말해 가장 가까운 주제인 인간에 대한 이해가 이루어진 다음에, 인간과 자연의 관계로 이해를 넓혀갈 수 있는 것이다. 그리고 철학 역사상, 인식의 순서에서 다른 모든 것에 선행한다고 여겨지는 것이 바로 '자아'다(도표 2).

자아란 사고나 지각과 같은 세상과 마주하는 활동의 담당자, 나아가 자신을 그렇게 자각할 수 있는 존재를 의미한다. 예를 들어 밀랍을 볼 때, 그것을 보는 본인은 스스로 밀랍을 보고 있다는 사실을 이해하고 있다는 것이다. 밀랍을 보는 동작의 주체, 즉 자아로서 자신을 이해하는 것이다. 그렇다면 인식의 순서에서는 왜 자아가 선행한다고 말할까? 그에 대한 대답을 가장 분명하게 제시한 사람이 바로 근대 철학의 출발점이 되는 르네 데카르트(1596~1650)다. 여러분에게도 매우 친숙한 '나는 생각한다, 고로 나는 존재한다 (Cogito, ergo sum)'라는 말을 떠올려보기 바란다. 데카르트는 반드시 확실한 지식을 추구하며, 조금이라도 의심스러운 것은 존재하지 않는다고 상정하는 방법적 회의를 시행하고, 눈이나 귀에 의한 감각적 인식이나 수학적 지식, 나아가 세계의 실재까지도 의심했다. 그러나 마지막에 그는 '의심하고 있는 나 자신의 존재는 의심할 수 없다'라는 통찰에 도달했다. 이것이 '나는 생각한다, 고로 나는 존재한다'라는 코기토 명제의 의미다. 그로부터 그는 자아('에고')가 사고하는 사항('관념')에 근거하여 신과 자연의 실재를 증명하고자 했다. 현대를 대표하는 철학사가인 장-뤽 마리옹(1946~)은, 데카르트의 논리에서는 가장 또는 반드시 확실하게 인식되는 것이 자아이므로, 우선 자아의 인식에서 시작한 다음, 그 이외의 존재자로 인식이 확장될 수 있다고 말했다.[5] 이러한 데카르트 혁명으로 현대 철학은 주관적 의식에서 객관적 세계로의 접근을 재구축하도록 방향이 잡혔다. 이는 이른바 인식의 순서에 따른 철학 탐구라고 할 수 있다.

존재의 순서와 인식의 순서의 관계

지금까지의 내용에서 존재의 순서와 인식의 순서가 같은 사항에 대해 반대 방향으로 논하고 있다는 사실을 이해했다. 존재의 순서에서는, 인식하는 의식 주관이 인식되는 것(존재와 신, 그 외의 모든 존재자)보다 뒤에 온다. 왜냐하면 인식되는 것이 없다면 인식하는 자도 존재할 수 없기 때문이다. 도쿄역이 있기에 비로소 도쿄역에 대한 인식도 성립하는 것이다. 이와 반대로 인식의 순서에서는 인식하는 자가 주변의 인식되는 존재자나 존재자의 바탕인 존재나 신보다 선행한다. 왜냐하면 존재하는 것이 그것으로 이해되기 위

---

5 《데카르트의 형이상학적 프리즘(Sur le prisme métaphysique de Descartes)》
(1986), 장-뤽 마리옹 (한국 미출간)

해서는 이해하는 자가 전제되는 것이 당연하기 때문이다. 도쿄역이 존재한다고 이해하기 위해서는 이해하는 자가 먼저 존재해야 하는 것이다. 정리하면, 이 두 방향의 순서에서 존재와 인식은 서로 전제하는 관계에 있다고 할 수 있다. 존재와 인식의 순서가 조합하여, 선행하는 것에 대한 탐구의 프레임워크를 이루고 있는 것이다. 20세기 철학인 현상학과 분석철학도, 철학이 언제나 그곳에서 전개되는 경험이나 언어의 분석을 통해, 그 프레임워크를 새로운 형태로 되풀이하고 있다.

그렇지만 여기에서 의문이 생긴다. 선행하는 것에 대한 모든 탐구가 이와 같다고 한다면, 그 구성 자체는 무엇에 의해 뒷받침될 수 있을까?

궁극적인 선행성

그것은 철학적으로 탐구하는 것 자체의 성립 기제다. 일단 형식 측면에서 인식의 순서와 존재의 순서는 모두 탐구되어야만 하는 '사상'이 있다는 공통점이 있다. 존재든 자아든, 철학이 탐구하는 사상이라는 점은 다르지 않다. 또한 모든 순서에서도 형식상 '질문을 던진다'라는 점이 동일하다. 존재나 자아 등을 묻고 있다는 것이다. 이렇게 철학의 탐구를 구성하는 '사상'과 '질문'은 인식과 존재의 왕복 구조에서 언제나 전제로 여겨진다.

만약 '질문'이 없다면 인식과 존재의 순서에서 모두 '사상'이 '사상'으로서 표현될 수 없다. 예를 들어 웜뱃과 3차원 물체로 생각해보자. 우선 존재의 순서에서는 '3차원 물체는 웜뱃보다 선행한다'라고 말했다. 그러나 '웜뱃이 존재하기 위해 전제가 되는 것을 탐구한다'란 구체적으로 무엇을 의미할까? 그 탐구가 행위로서 의미를 갖기 위해서는, 먼저 웜뱃이 '어떠한 전제도 없이, 오로지 그것만으로 성립하는 것이 아닌 것'으로서 받아들여져야만 한다. 다시 말해 구체적으로 무엇이 전제가 되는지는 아직 정해져 있지 않지만, 어쨌든 웜뱃은 그것만으로는 존재할 수 없는 불확실한 것으로서 이해되어야 한다. 그렇지 않으면 탐구의 의미를 완전히 잃어버리게 되는 것이다. 이는 '사상'의 본질인 불확실성을 파악하여 보일 수 있도록 하는 '질문'이 없다면, 애초에 불확실성을 이해할 수 없다는 말이다. 왜냐하면 '질문'이란 아직 답이 정해지지 않은 불확실성을 직면하는 것이며, 그러한 과정 없이는 불확실성을 불확실성으로서 받아들일 수 있는 가능성이 사라지기 때문이다. 반대로 말하면, 다른 무엇보다 '질문'이 있어야 선행하는 것에 관한 전반적인 탐구가 처음으로 유의미하게 나타난다는 것이다. 그런 의미에서 '질문'은 철학적 탐구가 모습을 드러내는 '장소'라고

할 수 있다. 고대 그리스어로 이 장소를 '토포스(topos)'라고
부른다.

'질문'이 있기에 탐구가 시작된다

그렇다면 '질문'의 이러한 전제성을 어떻게 이해해야 할
까? 지금까지의 이야기를 들은 여러분은 '본래 〈탐구〉라는
개념에 〈질문〉이 함축되어 있으니, 〈질문〉 없이는 〈탐구〉
가 성립하지 않는다는 것은 당연한 말이 아닌가?'라고 생각
할 수 있다. 하지만 그렇지 않다. '미혼인 사람'이 '사람'이라
는 개념을 전제로 하듯 순수하게 논리적인 전제라면, 개념
들 간의 관계를 정하기 위해 개념의 내실은 무엇이든 전혀
상관이 없는 것이다. 즉 X와 Y를 결합한 XY라는 개념에서
원래의 X가 없으면 의미를 갖지 않는다는 것은, X의 내용
이 사람이든 꽁치든, 구체적으로 알지 못해도 이해할 수 있
다. 그에 비해 '질문'이 철학적 탐구의 전제가 되기 위해서
는 실제로 질문이 이루어져, 어떠한 전제도 없이 그것만으
로 성립하지 않는 사상의 불확실성을 보이도록 해야만 한
다. 실제로 '질문'이 수행되지 않는 한, 누구도 '보이게 되는'
것에 직면하지 않기 때문에 '질문'은 사상을 처음으로 '볼
수 있도록' 한다는 전제성을 갖지 않는다.

오히려 이러한 전제성은 허초점(focus imaginarius)과 같은

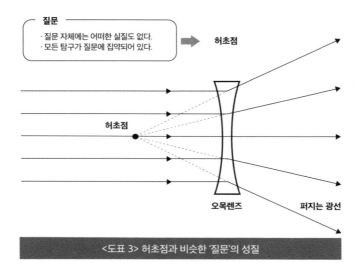

질문
· 질문 자체에는 어떠한 실질도 없다.
· 모든 탐구가 질문에 집약되어 있다.

허초점

허초점

오목렌즈

퍼지는 광선

<도표 3> 허초점과 비슷한 '질문'의 성질

개념으로 이해해야 한다. 허초점이란 평행 광선을 렌즈에 통과시켜 분산시켰을 때, 분산한 광선을 역방향으로 연장하여 얻을 수 있는 점을 말한다(도표 3). 실제로는 아무것도 없지만, 마치 광선이 나오는 것처럼 보이기 때문에 '허초점'이라고 한다. 이러한 허초점은 '질문'에서도 말할 수 있다. 어떤 측면에서 '질문'은 존재나 자아라는 '선행하는 것'의 다양한 탐구를 형식화한 개념에 불과하며, 그 자체에는 어떠한 실질도 없다. 하지만 다른 측면에서는, 이미 앞에서 본 것처럼 '질문'이 행해짐으로써 처음으로 그들의 탐구가 유의미하게 나타난다. 다시 말해 '질문'은 그 자체에 구체적인

내용은 없지만, 웜뱃이나 도쿄역, 존재와 신, 자아 등 모든 선행하는 것에 대한 탐구가 질문이라는 행위와 연관됨으로써 처음으로 '탐구'로서 성립하는 것이다. 그런 의미에서 '질문'은 모든 탐구가 집약되는 허초점이라고 할 수 있다. 지난 역사를 돌이켜보면, 이처럼 철학적 탐구의 형식에 대해 그 자체에 실질은 없지만 모든 탐구가 그에 연관되어 있다고 간주한 것이 후기 하이데거의 언어론이다. 그런 의미에서 하이데거는, 철학의 길이 펼쳐지기 위해 빼놓을 수 없는 인간의 활동을 '언어적인 것'이나 '기호'라고 표현했다.

이렇게 '질문'은 철학의 역사상 여러 '선행하는 것'에 대해 독특한 선행성을 갖는다. 그렇다면 질문을 던지는 자, 즉 '질문'이라는 행위를 담당하는 자는 전통적으로 철학의 근원으로 여겨져온 존재나 신, 자아에 대해 어떤 위치를 차지하고 있을까? 질문하는 자는 그들보다 앞선 것을 만들어낼 수도, 고안할 수도 없다. 존재나 신, 자아 등은 존재와 인식의 순서에서 궁극적으로 선행하는 것이므로, 그들이 '만들어내거나' 혹은 '고안해내는' 일은 없다. 예를 들어 철학적 탐구에서 신에게 도달한 자는 신 이상의 근원적인 '사상'을 생각할 수 없을 것이다. 하지만 그런 사람도 포함하여, 지금까지 확인한 의미에서 질문을 던지는 자는 신보다도, 존재나 자아보다도 훨씬 근원적이다. '질문'을 시작하지 않으면 '선행하는 것'은 의미를 갖지 않는다는 점에서 '질문' 자체가 궁극적으로 선행하는 것이 되기 때문이다. 다시 말하면 존재보다 앞에, 신보다 앞에, 자아보다 앞에, 나아가 모든 것보다도 앞에 형태가 없는 불확실성에 직면하는 '질문'이 철학을 작동시키고 있다. 철학의 바탕에는, 그 자체에는 어떤 기댈 곳도 없는 원초적인 떨림을 책임지는 '질문'이 있는 것이다.

'질문'은 일상적인 대화 틈에서
사람들에게 호소한다

그렇다면 모든 것보다 선행한다고 하는 '질문'을 어째서 사람들에게 호소하는 행위라고 말하는 것일까? 또 소크라테스나 하이데거가 혼자서만 묻지 않고, 함께 살아가는 사람들을 향해 질문을 던진 이유는 무엇일까? 이러한 의문을 '질문'의 성립에 입각하여 생각해보자.

의미론과 어용론

먼저 철학에 갇히지 않은 '오늘은 날씨가 화창할까?'라는 일상적인 질문을 살펴보자. 이 질문의 성립을 생각하기 위한 접근 방법으로 의미론과 어용론, 두 가지가 있다. 의미론은 질문 문장에 대한 의미 내용을, 어용론은 질문 문장을 사용하는 행위 상황을 분석한다.

먼저 의미론에서의 질문은 질문 자체만으로는 존립할 수 없는 비독립적인 문장이다. 왜냐하면 '오늘은 날씨가 화창할까?'라는 의문문을 이해하기 위해서는 그보다 앞선 '오늘 날씨는 화창하다'라는 판단하는 문장의 의미를 이해해야만 하기 때문이다. 이때 질문은 판단에 근거하고 있다.

그에 비해 어용론에서의 질문은 판단에 반드시 의존하지 않는다. 왜냐하면 행위 상황, 즉 '오늘은 날씨가 화창하다' 혹은 '오늘은 날씨가 화창하지 않다'라는 판단하는 문장의 형식으로 세계가 확정되어버린다면, 애초에 '오늘은 날씨가 화창할까?'라고 묻는 의미가 없기 때문이다. 다시 말해 판단의 의미 내용을 운운하기 전에 언어 행위로서 질문이 의미를 잃게 되는 것이다. 에드문트 후설을 연구하는 요시카와 다카시는 질문이 행위로서 성립할 때는, 발화자의 상황 자체가 불확실하여 '날씨가 화창할 수도 있고, 화창하지 않을 수도 있다'라고 표현하는 경우라고 이야기한다.[6]

의미론과 어용론은 모두 중요하다. 그러나 언어를 사용하는 상황이 전혀 없다면 질문하는 문장 자체도 사라지기 때문에, 이 책에서는 어용론이 다루는 질문의 행위 상황에 더욱 초점을 맞추려고 한다. 덧붙이면 하이데거는 저서《존재와 시간》에서 일본 철학자 미키 기요시에게도 영향을 끼친 '질문의 구조'라는 유명한 의론을 제시하고 있지만, 이는

6 <후설과 다우베르트를 둘러싼 질문의 현상학>(2006), 요시카와 다카시, 일본 학술지《현상학 연보》22권, 85~94쪽, 일본 현상학회 발행

질문의 행위 상황의 구조에 대한 분석에 불과하다.

질문의 대화 구조

이제 주목해야 하는 부분은 행위 상황의 불확실성에 마주한 '질문'이 한 사람만의 행위가 아닌, 반드시 여러 사람들 사이의 대화로 행해진다는 점이다. 이를 해석하기 위해 우선 '불확실성에 마주하다'란 어떤 의미인지 생각해보자.

'불확실성에 마주하다'의 의미에는 수동과 능동이라는 두 가지 측면이 있다. 하나는 우선 불확실성과 마주하기 위해 확실하다고 믿었던 것을 흔들어 잃어버려야 한다는 것이다. 다시 말해 우리가 자명한 전제라고 여겼던 것을 분명하지 않게 만들 수 있는 것이 필요하다. 이는 우리가 소극적으로 휘말릴 수 있는 수동적인 사건이다. 다른 한편으로 그렇게 휘말린 상황의 불확실성을 받아들이고, 그것이 무엇인가를 생각하려고 하는 것도 필요하다. 이런 능동적인 응답이 없다면 그저 멍하게 있는 것과 다르지 않으며 불확실성을 이해한다고도 말할 수 없다. 이런 수동과 능동이라는 두 가지 측면이 존재하기에 비로소 우리는 불확실성과 마주할 수 있다. 이러한 두 측면은 '질문'이라는 행위를 구성하는 '질문을 받다'와 '질문하다'라는 이중성으로 파악할 수 있다.

이러한 이중성은 20세기 프랑스를 대표하는 현상학계

철학자 에마뉘엘 레비나스(1906~1995)와 모리스 메를로퐁티(1908~1961)의 저서에서도 확인할 수 있다. 그들은 각각 다음과 같이 서술했다.

사고가 주제화된 그 상관자를 초월하여, 사고하는 그 방식. (…) 그것은 '다름없는 것'에 의한 사고하는 것의 심문이다. (…) 심문이란 사고가 세계 안에 공간을 차지하고 있다는 실정성에 대해 사고 자신이 불안을 기억하고 자각하는 것을 의미한다.[7]

철학은 지각적 신념에 질문을 던진다. 그러나 일반적 의미에서의 해답을 기대하지도 않고, 수용하지도 않는다. 왜냐하면 (…) 실재의 세계는 물음의 양식으로 존재하기 때문이다. 철학이란 자기 자신에 대해 스스로 질문을 던지는 지각적 신념이다.[8]

첫 번째 인용문의 레비나스는, 자기 생각의 틀에 가두지 않은 타인에 의해 자신의 삶의 기반이 의심받는 것이 '질문'

---

7 《관념에 도래하는 신에 관하여(De Dieu qui vient à L'idée)》(1992), 에마뉘엘 레비나스 (한국 미출간)

8 《보이는 것과 보이지 않는 것((Le)visible et l'invisible)》(1964), 모리스 메를로퐁티

이라고 인식한다. '심문(審問)'이라고 불리는 상황은 '질문'의 수동적인 측면, 다시 말해 '질문받다'를 의미한다. 그리고 두 번째 인용문의 메를로퐁티는 언뜻 보기에 자명한 세계의 불확실성을 표면화하여 인식하는 행위가 '질문'이라고 생각했다. 이는 '질문'의 능동적인 측면, 다시 말해 '질문하다'를 말한다.

그리고 '질문을 받다'와 '질문하다'의 이중성은 '질문'의 본질이 '대화'에 있다는 사실을 나타낸다. 일반적으로 대화는 '나와 당신의 대화', '미국과 중국의 대화'처럼 다른 입장에 있는 것들 사이에서 이루어진다. 자문자답과 같은 '자신과의 대화'에서도 질문을 하는 자신은 질문을 받는 자신과 시간상의 입장이 다르다. 질문을 받는 것은 반드시 질문하는 것보다 나중에 행해지기 때문이다. 이와 같이 서 있는 위치가 다른 것끼리의 관계 맺음(대화)이 없다면, 우리는 질문을 받을 수도, 할 수도 없다. 왜냐하면 지금까지 안주해온 확실성이 흔들리는(수동) 것은 그와 다른 위치에 있는 것에 의해서뿐이며, 또 흔들리던 불확실성을 받아들일 수 있는(능동) 것은 특정 위치에 있는 것뿐이기 때문이다. 불확실성과 마주하는 존재로서의 '질문'은 근본적으로 '대화'로만 가능하다. 서로 질문을 던지는, 나약한 자명성을 드러내는 대화가 철학의 모든 사상의 바탕에 꿈틀대고 있다.

철학적 질문과 일상의 대화

여기에서 철학적 질문이 일상에서 사람들과의 대화에 어떻게 관계하고 있는지에 대해서도 이해할 수 있다. 철학적 질문이 사람들에게 호소하는 것은 위로부터의 진리를 전하기 위함이 아니다. 단지 철학이 말을 거는 상대가 일상의 사람들 이외에는 존재하지 않기 때문이다. 곰곰이 생각해보기 바란다. 방금 본 것처럼 '질문'이 다른 위치에 서 있는 사람들끼리의 대화로만 가능하다면, 이는 철학뿐만이 아니라 일상을 살아가는 모든 사람에게 적용되는 것이다. 왜냐하면 누구나 다른 사람과는 다른 자신만의 인생을 살아가는 동시에, 그들과 함께 살아가기 때문이다. 그런 점에서 다른 사람과 나누는 일상의 대화 속에 이미 철학적 질문이 잠재되어 있으며, 철학이 질문을 던지는 언어 행위는 지극히 당연한 일상 속 대화의 연장선 위에 있는 것이다.

그렇지만 철학적 질문에는 일상의 대화를 혼란스럽게 만드는 '대단함'이 있다. 왜냐하면 일상적인 대화의 경우, '어느 회사에 취직해야 하는가', '이대로 이 일을 계속해야 하는가' 등, 그 안에서 부각되는 다양한 불확실성 자체는 '확실'하다고 믿을 수 있는 전제를 가지고 있기 때문이다. 그 전제는 예를 들어 '하고 싶은 일을 선택해야 한다' 혹은 '살아가기 위해 일을 해야 한다'이다. 그에 비해 철학적 질문은 그런 불문의 확실성에 날카롭게 파고들어, 일상의 대화를 암묵적으로 지지하는 다양한 '선행하는 것'을 동요시킨다. 그렇기 때문에 소크라테스는 아테나이의 동료들에게 고발당한 것이다. 하지만 철학은 사람들과의 대화를 파괴하고 싶은 것이 아니다. 반대로 '질문'이라는 불확실성을 드러내는 독특한 언어 행위로 사람들에게 불확실성에 직면하는 인간의 가능성을 나타내는 것이 '질문'의 목표다. 다시 말해 철학은 그 이야기를 받아들이는 사람들에게, 각자가 직면하고 있는 불확실성을 근본부터 받아들여 더 의미 있게 살아가길 바라는 차원에서 권유하는 것이다. 그런 점에서 철학적 질문은, 앞에서 본 것처럼, '영혼의 배려'를 위한 호소에 불과하다. 하이데거는 이를 '준비'라고 말한다. 이 책에서 철학적 질문을 인간에 대한 '찬가'라고 인식하는 것도 이러한 이유 때문이다.

21세기 철학적 과제로서의 '질문'

지금까지 철학의 근본 사상인 '질문'에 대한 역사, 이론, 실천에 대해 살펴보았다. 이와 같은 통찰은 철학의 바탕에 있기 때문에 시대에 따라 변하지 않는다. 그러나 우리가 살아가는 21세기의 철학에서 '질문'은 새삼스럽게 중요한 과제가 되었다. 미리 살짝 말하자면 '질문'은 오늘날의 우리에게 '인간'을 새롭게 다시 생각할 것을 요구하고 있다.

분석철학과 현상학 : 의미의 탐구

다양하게 존재하는 오늘날의 철학 가운데 대부분은 19세기 말에서 20세기 초에 형성된 분석철학과 현상학의 흐름에 속한다. 분석철학과 현상학의 공통점은 철학적 사고가 반드시 전제로 하는 '의미(sense)'에 주목하여 '선행하는 것'을 탐구한다는 점이다. 현상학과 분석철학의 시초라고 할 수 있는 에드문트 후설(1859~1938)과 고트로브 프레게(1848~1925)는 19세기 후반의 주요 논리학 사상이었던 심리학주의(논리 법칙을 마음의 기능인 사고 작용을 통해 설명하는 입장)에 반대하는 동시에 사고되는 의미의 질서(특히 논리학)가 각 인간의 심리와는 전혀 다른 위치에 있다고 주장했다. 심리학에서 시행하는 추론은 논리 법칙을 전제로 하기 때문에 심리학에서 논리학의 근거를 찾는 것은 이상하다는 발상이다. 이렇게 사고가 처음부터 사고이기 위해 전제가 되는 '의미'가 철학적으로 선행한다고 여겨지는 것이다.

다만 분석철학과 현상학에서는 '의미'에 대한 인식 방법이 다르다.

분석철학(이라고 말해도 여러 가지가 있지만)에서는 대부분 공통적으로 의미를 '언어'와 뗄 수 없는 것으로 인식한다. 이 경우, 의미에 대한 인식은 일상생활에서 이야기하는 자연 언어나 기호적으로 표현하는 형식 언어의 성립을 '분석'하는 것이다. 이에 대한 사례로 루드비히 비트겐슈타인(1889~1951)의 저서 《논리 철학 논고》에 나온 '나의 언어적 한계가 나의 세계의 한계를 의미한다'라는 발상을 들 수 있다.[9]

그에 비해 대부분의 현상학에서는 각 사람의 의미가 실현되는 장으로서 '경험(experience)'을 중시한다. 경험이란 각

---

9 《논리 철학 논고(Logisch-philosophische Abhandlung)》(1921), 루드비히 비트겐슈타인

자의 시점에서 어떤 무언가를 받아들이는 것을 의미한다. 예를 들어 책상을 경험할 때, 우리는 형태 등의 지각 정보나 사무 업무 등의 사용 상황을 파악할 수 있다. 이때 '책상이 둥글게 보이는 것'도, '책상에서 사무 업무를 해야 하는 것'도 책상을 둘러싼 의미지만, 이는 언제나 언어로 표현되는 것이 아닌, 대부분은 암묵적으로 이해되는 것이다. 이렇게 경험은 매우 미묘한 형태로 언어를 포섭하고 언어보다도 넓은 의미의 매체가 된다. 후설은 이러한 경험의 '서술'이 바로 현상학의 과제라고 했다.

언어와 경험을 둘러싼 인식의 순서와 존재의 순서

그렇게 언어와 경험에 대해 각각 인식의 순서와 존재의 순서가 탐구되어왔다.

인식의 순서에 따르면, 단어나 문장 등 언어의 구성 요소와 지각 등 경험의 구성 요소를 시작으로 각각이 무언가를 가리키는 방식에 대해 검토한다. 예를 들어 미국 분석철학의 시초라고 할 수 있는 윌러드 밴 오먼 콰인(1908~2000)은 이 세계에 무엇이 존재하는지를 검토하기 위해 'S는 P이다'라는 문장이 진실이 되는 조건, 다시 말해 실제로 무언가를 의미하기 위한 조건을 고찰했다. 그의 대답은 'P인 S의 존재가 승인되는 것'이라는 순환한 문장이었다. 이러한 승인을 '존재론적 개입(ontological commitment)'이라고 부른다. 또한 후설은 '지향성', 즉 '무언가를 향해 나아가는' 의식의 성격에 주목하여 의식과 대상에 관한 의미의 상관관계를 기술한다. 그는 이 상관관계를 '무엇이 받아들여지든 맨 처음으로 이해되는 것'으로 간주하고 그에 대해 해명함으로써 인식 활동의 기초를 마련할 수 있다고 생각했다.

그에 비해 존재의 순서에 따르면, 언어를 사용하는 방식이나 경험이 실제로 변해가는 형식에 근거하여 의미가 실현되는 방식을 검토한다. 예를 들어 현대 미국을 대표하는 분석철학자 로버트 브랜덤(1950~)은 언어의 의미를 '~이므로 ~이다'라고 표현하는 '추론'의 역할로 규정했다. 이를 '추론주의'라고 부른다. 예를 들어 '번개'와 '천둥'이라는 단어의 의미는 '번개가 번쩍했다'에서 '천둥소리가 들릴 것이다'라고 추론 가능한 점에서 파악할 수 있다. 그러면 브랜덤에게 무언가를 가리키는 언어의 작용이 존재하기 위해서는, 언어를 다른 사람과 함께 실제로 사용하고 있는 사회적 관계가 선행되어야만 한다.[10] 또 유사한 방식으로 하이데거는, 후설이 말한 '번개를 보다'라는 의식의 지향성이 성립하기 위해서는 도구와 같은 유의미한 사물에 의해 구성된 환

---

10 참조: 《브랜덤, 추론주의 철학》(2021) 제2장, 시라카와 신타로 지음, 세이도샤 펴냄 (한국 미출간)

경(뇌우로 무너지는 생활환경 등)에서 다른 사람과 함께 관계를 맺어야만 한다고 주장했다. 이렇게 원초적인 세계와의 관계를 '세계 내 존재'라고 부른다.

경험적 철학의 중요성

21세기의 철학은, 분석철학이든 현상학이든, 여러 입장으로 나뉘어 있기 때문에 '현대 철학은 이렇다'라고 하나로 정리할 수 없다. 왜냐하면 경험은 그곳에서 의미가 성립하는 매체로서 언어보다 폭이 넓다. 경험을 바탕으로 하는 넓은 의미의 현상학의 가장 급진적인 전개, 즉 의미장이 되는 경험의 성립 조건을 가장 철저하게 파고드는 형식을 확인함으로써, 간접적이지만 오늘날의 모든 철학을 사정권에 두는 시점을 얻을 수 있을 것이다. 존재의 순서에 따라 이 전개는 각자의 시점에서 그때그때 받아들일 수 있는 경험의 전제(선행하는 것)를 거슬러 올라가는 형태로 이루어진다. 그 출발점에는, 앞에서 다룬 하이데거의 '세계 내 존재'라는 개념이 있다. 게다가 하이데거 이후 한스 요나스(1903~1993), 메를로퐁티, 레비나스, 미셸 앙리(1922~2002), 폴 리쾨르(1913~2005)라는 다양한 철학자가 존재의 순서에서 세계 내 존재보다 더욱 앞선 원시적인 경험으로, 신체나 자연, 타자, 자기 긍정, 역사적 이야기 등의 사상을 다루었다.

인간 개념의 비판적 검토

중요한 점은 이러한 흐름의 심화와 더불어 '인간'의 개념에 주목하고, 그에 대한 비판적 검토나 심지어 해체를 주장하는 철학이 나타났다는 것이다. 여기에서 말하는 '인간'이란 생물학의 종(種)이 아닌, 경험 측면에서 무언가를 받아들이는 당사자를 의미한다. 바로 인간에 대해 심각한 의문을 갖게 된 것이다.

그 가운데 포스트구조주의라고 불리는 프랑스 철학자 미셸 푸코(1926~1984)의 주장이 가장 유명하다. 푸코는 세계적으로 출간된 《말과 사물》(1966)에서 근대 이후의 학문이 의존하는 설명의 구조(episteme)를 상세하게 분석하고, 18세기 말 이후부터 오늘날에 이르기까지 학문의 여러 영역에서 근간이 되는 '인간'이라는 개념이 그 이전의 17세기 고전주의 시대에는 존재하지 않는 역사적 산물이라는 점을 나타냈다. 푸코는 이에 대한 결론으로 다음과 같은 유명한 말을 남겼다.[11]

이러한 배치(에피스테메-저자 주)가 나타난 것처럼 사라진다면, 18세기의 전환점에서 고전주의적 사고의 밑바탕이 그랬듯, 우리가 기껏해야 그 가능성 정도를 예감할 수 있다고 하

---

11 《말과 사물(Les mots et les choses)》(1966), 미셸 푸코

더라도, 당장은 그 형태도, 약속도 인식하지 못하는 어떤 사건에 의해 뒤집힌다면, 장담할 수 있건대 인간은 물가의 모래사장에 그려놓은 얼굴처럼 소멸할지도 모른다.

이는 '어떤 지식도 시대에 따라 변한다'라는 진부한 주장이 아니다. 만약 그런 주장이었다면 푸코 본인도 현대 이외의 시대를 이해할 수 없게 될 것이다. 그는 여기에서 의미장인 경험의 바탕에 존재하는 다원성을 주장한다. 왜 경험은 다원적이라고 하는 것일까? 경험이란 각각의 시점에서 무언가를 받아들이는 것이기 때문에 지금 그 경험이 발생하지 않으면 그에 대해 말할 수 없다. 이때 자신의 경험 밖에 있는 것은 누구도 경험할 수 없으므로 경험은 어떠한 의미에서 당사자에게 유일하다고 할 수 있다. 그러나 이러한 유일성은 어디까지나 경험이 만들어지는 범위에서 성립하는 것에 불과하며, 그를 뛰어넘는 보편성을 갖지 않는다. 그러면 보편적으로 현대의 우리가 받아들이는 것과는 다른 경험 구조의 가능성을 인정해야만 하는 것이다. 푸코는 이처럼 현대와는 다른 경험 구조를 향해 거슬러 올라가는 과제를 '고고학'이라고 불렀다. 그렇게 자신을 경험 중심의 시점으로서 특별하게 생각하는 '인간'(칸트와 하이데거를 염두에 두었다)은 고고학에 의해 중심성을 박탈당하여 소멸을 예상

할 수 있는 것이다.

그 후, 현대 사상의 키워드인 '탈구축'의 주도자 자크 데리다(1930~2004)와 현대 이탈리아를 대표하는 조르조 아감벤(1942~)도 '동물'을 키워드로 삼아 경험의 당사자인 '인간'의 독특한 중심성을 비판적으로 검토했다. 여기에서 말하는 동물이란 인간의 시점 중심성을 갖지 않는 존재자, 다시 말해 인간 입장에서 본 '인간이 아닌' 생물이다. 하이데거의 1929~1930년 강의인 《형이상학의 근본 개념들》에서 그는 인간과 동물의 그러한 구별을 제안했다. 반면 그를 비판적으로 인식한 데리다는 저서 《정신에 대해서》(1990)에서, 경험은 우연히 발생하는 것이므로 어느 존재자(인간)를 경험의 중심에 세우고 그로부터 다른 존재자(동물)에 대해 선을 긋는, 당사자로서의 인간중심주의는 비판적으로 검토해야만 한다고 주장했다. 인간의 특이성 자체는 부정하지 않지만, 인간을 인간답게 만드는 시점 중심성을 끊임없이 다시 검토해야 한다는 것이다. 또한 아감벤은 한 단계 더 나아가 비판적으로 고찰하여, 인간의 중심성은 처음부터 존재하는 것이 아닌, 원래 인간 안에 있던 동물성을 억압한 결과에 불과하다고 서술했다. 이렇게 인간은 경험이라는 철학의 근본 차원을 향한 특권적 접근을 박탈당하여 식물, 돌, 삼각형, 태양, 셜록 홈스 등 다른 수많은 존재자와 나란히 하는 존재로 서서히 변화해갔다. 이러한 인간의 탈중심화 경향은, 현시대의 객체 지향적 존재론을 표방하는 그레이엄 하면(1968~)이나 사변적 실재론의 퀑탱 메이야수(1967~)에 의해 극단적으로 전개되었다. 객체 지향적 존재론이나 사변적 실재론은 그 자리에 있는 당사자(인간)가 전혀 없어도 유의미하게 이야기되는 존재자, 즉 시점의 존재를 완전히 초월한 실재라는 점을 공유하고 있다.

이렇게 오늘날 넓은 의미의 현상학에서 인간은 다른 수많은 존재자에 내재화되고 매몰된다. 이것은 무언가가 정치 경제, 사이버 공간 등으로 빠른 속도로 다극화되어 중심을 잃어가는 현대 세계의 현실을 구제하는 철학이다. 이처럼 다원적인 세계와 시대를 살아간다는 점에서 다른 종류인 현상학도, 분석철학도 변하지 않는다.

'질문을 던지는 자'인 인간의 불가결함

그렇지만 오늘의 우리는 철학의 이러한 상황을 뛰어넘어 다른 방식으로 사고해야 한다. 앞에서 보았듯 질문이라는 행위는 인식의 순서와 존재의 순서를 모두 포섭하는 것으로서, 철학에서 궁극적으로 '선행하는 것'이라고 할 수 있다. 이러한 점은 당연히 현상학에서의 존재의 순서에도 적합하다. 하이데거나 그 이후의 현상학자가 몰두하는 것은

'경험이 성립하기 위해 그 성립 이전에 있어야만 한다'라는 의미에서 '선행하는 것'에 관한 탐구다. 예를 들어 '강아지!'라는 발화가 유의미해지기 위해서는 발화 이전에 '도망가다'나 '귀여워하다' 등 강아지와 관련된 행위의 상황이 선행되어야만 한다. 현상학 중심의 철학에서는 이렇게 '경험에서 사전에 전제가 되는 것'을 '현사실성(Faktizität)'이라고 부른다. 하이데거부터 사변적 실재론에 이르는 철학자들이 현사실성을 탐구했는데, 그 결과 경험의 당사자(이는 사고하는 본인을 의미하기도 한다)를 중심에서 이탈하게 만들었다.

그러나 이것만으로는 현사실성에 깊이 파고들었다고 하기에는 불충분하다. 왜냐하면 항상 전제가 되는 것에 대해 이야기하기 위해서는 '지금까지 명확하지 않았지만, 분명 그러한 것이 있었다'라고 보이도록 하는 탐구 활동, 다시 말해 질문하는 대화가 있어야 하기 때문이다. 예를 들어 데리다의 동물론은, 당사자인 인간의 불확실한 시점 중심성을 '보이도록 하는' 행위, 즉 '질문'이 없다면 의론으로 성립하지 않는다. '질문을 던지는 자'가 없으면 데리다의 철학 자체가 사라져버리는 것이다. 또한 푸코가 에피스테메의 역사적 변화를 해설할 때, 경험 구조가 현대의 구조로부터 변할 수 있다는 불확실성을 '보이도록 하는' 행위가 없다면, 그는 자신이 어떤 주장을 하는지 이해할 수 없게 되는 것이다. 이렇게 대화로서의 '질문을 던지는 자'야말로 가장 근원적인 현사실성이라고 할 수 있다.

현대 철학에서의 '인간'

그리하여 21세기 철학의 과제로서의 '인간'의 자세가 새롭게 부상한다. 그것은 경험 당사자의 시점 중심성을 아무리 해체하더라도, 바로 그 행위에 의해 그때그때 나타나는 그런 인간을 말한다. 여기에는 하이데거가 동물로 대치한 시점 중심성은 존재하지 않는다. 왜냐하면 질문을 던지는 자로서의 인간은 존재든, 신이든, 자아든, 자연(동물도 그 일부)이든, 철학의 모든 사상 앞에 허초점처럼 편재하기 때문이다. 다시 말해 인간은 동물처럼 '인간이 아닌 것'과의 구별을 통해 '인간'이 되는 것이 아니며, 그러한 존재로서 철학의 특권적 사상이 되는 것도 아니다.

그러나 이렇게 말해도 인간에게는 철학의 모든 사상 가운데 가장 수수께끼 같은 성격이 있다. 철학적 질문 바로 그로부터 철학의 모든 사상이 매번 새롭게 나타나는 탐구의 특이성이라는 것이다. 모든 사상은 인간이 질문을 나누며 무언가를 '문제삼는' 것을 통해 처음 '사상'으로서 볼 수 있다. 그렇기 때문에 질문을 던지는 자인 인간은 비인간(동물)과의 구별에 의해 규정되는, 데리다가 논의의 대상으로 하는 인간 개념보다 원초적이다. 인간이야말로 그로부터 모든 수수께끼가 떠오르는, 철학의 근본 문제다.

그렇다고 하더라도 질문을 던지는 자를 인간이라고 불러야 하는 이유는 무엇일까? 바로 질문이라는 행위가 고대 이후의 인간에 대한 규정인 '영혼의 배려'의 전제가 되기 때문이다. 소크라테스가 영혼에 대한 배려를 말한 것처럼, 소크라테스 외에도 자기에 대한 배려에 의해 인간을 규정한 철학자는 많다. 예를 들어 대표적인 라틴 교부 아우구스티누스(354~430)는 산이나 바다, 하늘에 호기심을 갖고 자기 자신의 존재를 망각해버리는 인간의 모습을 비판하고 있다.[12] 16세기 프랑스의 모럴리스트 몽테뉴(1533~1592) 또한 '우리의 정신 가운데 뼈를 깎는, 가장 중요한 연구는 자기 자신을 연구하는 것'이라고 서술하며[13] 인간은 스스로를 돌보아야 한다고 말한다. 이와 다른 인간에 대한 규정으로, 동물의 모피나 이빨을 취하지 않는 대신 기술과 사회를 만드는 '결함 존재'(프로타고라스(기원전 490경~기원전 420경)나 겔렌(1904~1976))라는 의견이 있으나, 자신의 결함을 채우는 것은 영혼에 대한 배려의 일환이라고 할 수 있다. 또한 '이성과 기술'이나 '죽을 수밖에 없는 존재'라는 중요한 인간에

---

12 참조: 《고백록(Confessions)》, 아우구스티누스

13 《수상록(Essais)》(1580), 미셸 드 몽테뉴

대한 규정도 있는데, 이것이야말로 자신을 돌보는 활동 없이는 생각할 수 없다. 영혼을 배려하지 않으면 이성과 기술은 불필요해지며 자신이 죽는지 아닌지도 문제가 되지 않을 것이다.

이러한 전통적인 인간 개념이 상정하는 '영혼에 대한 배려'는 사실 질문이라는 행위, 즉 질문을 던지는 자를 전제로 한다. 왜냐하면 영혼을 배려하기 위해서는 영혼을 문제삼아야 할 필요가 있는데, 영혼이 문제가 되려면 그에 대해 처음으로 질문을 던져야만 하기 때문이다. 다르게 말하면 무언가를 불확실하고 문제가 되는 것으로 보이도록 하는 자, 즉 질문을 던지는 자가 없다면 우리는 영혼을 배려할 수 없는 것이다. 이렇게 전통적인 인간 개념의 바탕에 21세기의 과제로서, 다시 회복해야만 하는 인간의 모습이 떠오른다. 인간은 인간인 이상, 이미 질문하고 있으며, 또 계속해서 질문한다. 여러분이 존재한다는 사실의 바탕에는 언제나 질문이 꿈틀거리고 있다.

제2장

'존재'에 대하여

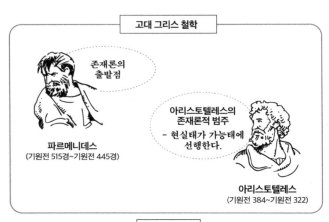

고대 그리스 철학

존재론의 출발점

파르메니데스
(기원전 515경~기원전 445경)

아리스토텔레스의 존재론적 범주
- 현실태가 가능태에 선행한다.

아리스토텔레스
(기원전 384~기원전 322)

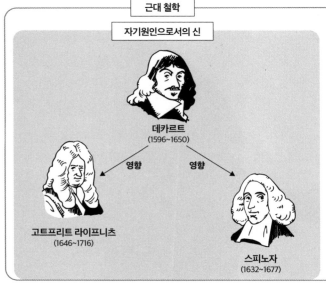

근대 철학

자기원인으로서의 신

데카르트
(1596~1650)

영향

영향

고트프리트 라이프니츠
(1646~1716)

스피노자
(1632~1677)

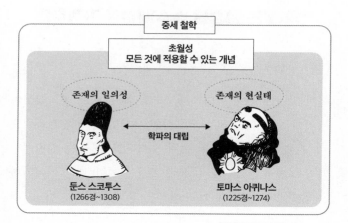

중세 철학

초월성
모든 것에 적용할 수 있는 개념

존재의 일의성

존재의 현실태

학파의 대립

둔스 스코투스
(1266경~1308)

토마스 아퀴나스
(1225경~1274)

칸트의 인식론적 범주
– 가능성이 현실성에
선행한다.

임마누엘 칸트
(1724~1804)

신의 죽음

프리드리히 니체
(1844~1900)

현대 철학

경험을 바탕으로 하는
존재와 신에 대한 탐구

니시다 기타로
(1870~1945)

마르틴 하이데거
(1889~1976)

2-1

'있다'는 엄청난 수수께끼로 가득하다

이번에는 철학적 질문이 다룬 사상들 가운데 가장 불확실한 사상에 관해 이야기해보려고 한다. 바로 불확실성이 거기에 '있다'라고 하는 원초적인 사실이다. 이는 전통적으로 '존재'라고 불려왔다. 존재는 생각할 수 있는 범위에서 가장 당연하고, 그렇기 때문에 가장 신기한 것이다. 이러한 불확실성과 마주한 인간의 질문을 '존재론'이라고 한다.

'있다'의 보편성

문제가 되는 사항을 간단한 언어로 묘사한다.

이전 장에서 본 것처럼 존재는 어디에나 적용되는 신기한 사상이다. 우리의 평소 생활 속에서 생각해보자. 방 안을 둘러보면 가까이에 책상이나 머그컵이 눈에 들어온다. 우리는 당연히 책상이나 머그컵을 '있다'라고 말한다. 이들은 눈으로 볼 수 있고 손으로 만질 수 있는 것, 즉 감각적 사물이다. 감각적 사물은 방의 벽이나 야외의 땅, 지구, 지구 밖의 천체로 끝없이 펼쳐진다. 고도의 물리학적 예외를 제외하면, 자연과학의 연구 대상도 대부분 감각적 사물에 해당한다.

또 책장에는 아이들에게 들려줄 그림책이 꽂혀 있다. 아이들은 그림책에 등장하는 가상의 인물이나 동물에 대해 '이 곰은 왜 ~할까?'라고 질문하고, 우리는 예를 들어 '그 곰은 배가 고프기 때문이야'라고 답변해준다. 이때 우리는 그림책의 등장인물이 책상과 완전히 동일한 의미에서 존재한다고는 전혀 생각하지 않는다. 그러나 거짓말이나 허황된 이야기를 하는 것도 아니다. 우리는 픽션에 고유한 방식으로 매우 진지하게 '곰은 ~이다'라고 말한다. 그런 의미에서 픽션의 사물도 '있다'라고 말할 수 있다. 물론 감각적 사물과 픽션을 엄격하게 구별하여, 감각적 사물만 '있다'라고 말하고 싶어 하는 철학자(러셀 등)도 많다. 그러나 어린아이들은 신문이나 텔레비전에서만 보았던 유명인의 존재와 그림책에서만 보았던 유니콘의 존재를 구별하지 못할 것이다. 그리고 모든 사람은 원래 어린이였으며, 성인이 되어서도 종종 어린이와 같은 입장에 서 있다.

더욱이 방을 둘러보면, 책상에 펼쳐진 수학책에서는 피타고라스 정리를 설명하고 있다. 그러나 수학책에 그려진 도형은 엄밀히 말하면 삼각형이 아니다. 왜냐하면 기하학의 정의상, 삼각형의 각 변을 이루는 직선은 두께가 없으며,

두께가 없는 것은 잉크로 나타낼 수 없기 때문이다. 그렇기 때문에 삼각형과 같은 수학적 대상은 명백히 말하면 감각적 사물이 아니다. 그렇지만 우리는 역시 진지하게 '삼각형은 ~다'라고 말하고 있다. 눈으로 보거나 손으로 만질 수 있는 것은 아니지만 우리는 삼각형을 어떠한 형태로 인식하고 있다. 이러한 점에서 수학적 대상 또한 고유한 방식으로 '존재'를 말할 수 있는 것이다.

이 책에서는 감각적 사물, 픽션, 수학적 대상만 다루고 있지만, 일상에서 간단하게 언어를 사용하다 보면 우리는 그밖에도 엄청나게 많은 종류의 사물에 대해 '~이다' 혹은 '~가 있다'라고 말하고 있다. 우주도 '있다'라고 하며, 소립자도 '있다'라고 한다. 민주주의 국가도 '있다'라고 말하며, 화폐 경제 또한 '있다'. 또한 레오나르도 다빈치의 그림도 '있으며', 사이버 공간의 거짓 뉴스도 '있다'라고 표현한다. 이렇게 존재는 모든 분야에 널리 퍼져 있으며, 그 외부에는 문자 그대로 아무것도 '없다'. 우리가 어디에 있더라도, 무엇을 하더라도 그때마다 언제나 존재와 관계하고 있다. 그런 의미에서 존재는 모든 사상 가운데 가장 자명한 것이라고 할 수 있다.

도저히 다가갈 수 없다

그러나 자명한 사상은 다가가기 어려운 것이기도 하다.

이를 '발바닥'에 비유해보자. 두 발로 걸을 때 여러분은 발바닥 위에 서 있다. 집에서도, 회사에서도, 학교에서도 언제나 발바닥 위에 서서 행동한다. 여러분에게 발바닥은 언제나 그 자리에 있는 가장 자명한 전제다. 하지만 여러분은 현관이나 회사를 향해서 걸어갈 수는 있어도 발바닥을 향해서는 결코 걸어갈 수 없다. 왜냐하면 걷는다고 하더라도 내딛는 발로 언제나 발바닥 위에 서 있기 때문이다. 분명 도달할 수는 없지만, 다른 은하나 우주의 경계를 향해서라면 걸어보려고 시도할 수 있다. 그러나 자신의 발바닥을 향해 걷는 것은 시도조차 할 수 없다.

존재에 관해서도 이와 똑같은 사실을 말할 수 있다. 존재는 언제나 그 자리에 있지만, 그에 대해 생각하는 우리도 존재하기 때문에, 아무리 존재를 해명하려고 해도 바로 그 사고의 언저리로 사상이 쫓겨나는 것이다. 존재는 너무나도 당연하여 다른 모든 것의 전제가 되므로, 자신의 망막을 본인이 볼 수 없듯 존재만을 꺼내놓고 생각할 수 없다.

존재의 초월

많은 철학자들은 2600년 이상 '너무나 명백하기 때문에 오히려 알 수 없다'라는 존재의 방식에 몰두해왔다. 앞서 다룬 것처럼 소크라테스 이전 시기의 파르메니데스는, 존재를 결코 지나가지 않는 '영원한 지금'이라고 규정하고 존재의 궁극적인 편재성을 강조했다(33쪽 참고). 그러나 그렇다고 해도 존재가 언제나 파악할 수 있는 쉬운 사상이 되는 것은 아니다. 파르메니데스는 정반대로 죽을 수밖에 없는 유한한 인간이 '의견(doxa)'이라는 일상적 신념에 사로잡혀 존재의 진리로부터 멀리 떨어져 있다는 것도 잊지 않고 서술한다.

전통적인 철학에서는 이러한 이중성을 '초월'의 문제로 고찰한다. 아리스토텔레스는 존재의 의미를 여러 종류로 구별하고, 그들 전부에 공통적인 '존재'의 근본 의미를 검토했다. '~이다'나 '현실이다' 등 존재의 다양한 의미 가운데 그들이 동등하게 불리는 '존재'의 내실을 고찰한 것이다. 여기에서 제시된 답은 '유추(analogia)에 의한 통일'이다. 유추에 의한 통일이란, 예를 들어 '혈색이 좋은 뺨'과 '균형 잡힌 식사', '명의'가 각각 다른 것임에도 불구하고 동일하게 '건강'과 관련된 말이라고 이해할 수 있는 그런 통일을 말한다. 이와 마찬가지로 아리스토텔레스는 '~이다'나 '현실이다'라는 의미가 관계를 맺을 수 있는 대상이 '존재'의 근본 의미가 된다고 생각했다. 이렇게 존재는 다양한 의미로 구현되면서, 그들의 의미가 목표로 하는 대상으로만 파악할 수 있는 '초월'이 된다.

초월성

이제 존재의 초월을 이해하는 방식에 주목하기 바란다. '너무나 자명하기 때문에 오히려 알 수 없다'라는 경우는 '직접 느껴서 그렇게 받아들이고 있다' 아니면 '그와 같이 표현하고 있다' 가운데 하나다. 전자는 존재의 경험, 후자는 존재의 개념이다.

이 둘을 둘러싸고, 중세 철학에서는 '초월성(transcendentia)'에 대한 중요한 의론이 시행되었다. 초월성은 '존재'처럼 모든 것에 적용 가능한 보편적인 개념이며, 그 보편성은 지극히 특이한 것이다. 왜냐하면 '생물'이나 '동물'과 같은 보통의 일반 개념이 사상의 내실에 의해 구속되는(돌은 생물이라고 부를 수 없다) 것과 달리, 앞에서 본 것처럼 '존재'는 내실과 관계없이 모든 사상에 적용할 수 있기 때문이다.

스콜라 철학의 권위자인 토마스 아퀴나스는 초월성을 적용할 때, 적용되는 사상(존재)이 실제로 생생하게 나타나야 한다고 생각했다. 그는 이를 '존재의 현실태(actus essendi)'라고 불렀다. 앞의 비유에서, 실제로 발바닥 위에 서 있을 때만 '언제나 〈발바닥〉이 있다'라고 서술한다는 사고방식이다.

이러한 입장은 후기의 둔스 스코투스(1266경~1308)와 프란시스코 수아레스(1548~1617)에 의해 변질되었다. 그들은 경험이 아닌 우리의 사고에서 개념으로서 존재에 근거한다고 말했다. 그에 따르면, 존재는 우리가 무엇을 생각하려고 할 때 처음 이해되는 것이기 때문에 초월적 보편성을 갖는다. 다시 말하면 실제로 서 있지 않아도 '서 있다면 반드시 〈발바닥〉이 있다'라고 생각하게 되는 입장이다. 스코투스 연구자인 루드거 호네펠더는 이에 대해 데카르트 이후의 근대 철학으로 가는 길을 연 중대한 전환이라고 지적했다.[14]

경험과 개념의 중의적 관계

존재의 경험과 존재의 개념은 매우 중의적인 관계에 있다. 존재의 개념을 공허한 기호의 장난이 아닌 실질적인 형태로 이해하기 위해서는 그에 선행하는 존재를 실제로 경험해야만 한다. 존재를 어떠한 의미로도 경험한 적이 없다면, 존재의 개념은 무의미한 문자의 나열인 '테키코무'만큼이나 텅 비어 있다. 그러나 또 한편으로 보면, 아무리 존재의 개념을 분석한다고 하더라도 존재의 경험에는 도달할 수 없다. 다시 말해 개념과 경험 사이에는 거리가 존재한다는 것이다. 예를 들어 책상의 개념이 있어도, 반드시 현실에 책상이 존재한다고 말할 수 없다. 존재의 개념은 존재의 경험을 전제로 하지만, 그로부터 떨어져 있기도 하다.

---

14 《Johannes Duns Scotus》(2005), 루드거 호네펠더 (한국 미출간)

많은 철학자들이 각자의 방식으로 이러한 중의성과 마주했다. 예를 들어 독일 고전 철학의 대표자인 임마누엘 칸트(1724~1804)는 저서《순수 이성 비판》에서, '존재는 실재적 술어가 아니다'라는 유명한 말을 남겼다. 여기에서의 '실재'란 '사항의 구체적인 내용을 좌우한다'라는 의미다. 예를 들어 '1만 원'이나, '존재하는 1만 원'이나 금액에는 전혀 변함이 없다. 이에 따라 존재의 개념은 '정말'로 사라진다. 이렇게 존재 개념의 내용이 없다는 사실을 지적함으로써 칸트는 중세 이후, 신의 존재론적 증명에 따른 '신의 개념에는 존재가 포함되었기에 신은 존재한다'라는 논법을 비판했다. 이렇게 개념과 경험의 간극을 강조하는 것은 칸트의 비판 철학의 근본이념이다. 다만 칸트에게는 다른 측면도 있다.《순수 이성 비판》의 주제인 '선천적(a priori) 종합 판단'이란 개념이 경험을 사로잡는 것을 의미한다. 칸트는 이러한 판단의 가능성을 증명하려고 했기에, 처음부터 개념이 경험에 관계한다는 사실을 전제로 삼았던 것이다. 실제로 그는 이들의 관계를 설명하면서, '상상력'이라는 마음의 능력이 암묵적으로 개념과 경험의 다리 역할을 하고 있다고 서술했다.

이러한 경험과 개념의 중의적 관계는, '너무나 자명하기에 오히려 알지 못한다'라는 존재의 성격에 대한 뉘앙스를 좌우한다. 다시 말해 존재에 대한 무지는 개념에서의 무지, '개념에 의한 표현으로부터 몸을 피해버리는' 무지가 된다. 가까운 비유를 들자면, 우리는 하나의 책상을 '크다', '깨끗하다', '사무용' 등의 개념으로 규정할 수 있으며, 어디까지나 자세하고 확실하게 규정할 수 있다. 그렇지만 이는 책상에 대한 기술을 그저 나열한 것뿐이므로, 책상이 현실에 있다는 사실을 절대 재현할 수 없다. 이때 '다른 것도 아닌, 그 책상이 분명 눈앞에 있지만 그것을 말로 표현하기 어렵다'라고 말하고 싶어질 것이다. 이와 마찬가지로 존재에 대한 무지 또한 경험 자체의 문제가 아닌, 오로지 경험과 개념의 간극에서 유래한다고 생각하고 싶어진다. 《논리 철학 논고》의 비트겐슈타인은 세계의 존재 자체를 신비라고 부르고, 그것을 말하지 못하고 '나타나다'만을 서술했을 때, 이것을 전제했을 것이다.[15] 여기에서 불확실한 것은 개념에 따른 인지이며, 인지되어야 하는 경험 자체의 불확실성은 인정되지 않는다.

너무 자명하기 때문에 불확실하다

하지만 이러한 인식 방법을 정말 '너무나 자명하기에 오

---

15 《논리 철학 논고(Logisch-philosophische Abhandlung)》(1921), 루드비히 비트겐슈타인

히려 알지 못하는' 성격으로 해석하는 게 적절할까? 인지적 해석에 따르면, 존재의 '발바닥'과 같은 무지는 '아무리 걸어도 발바닥에는 도착할 수 없다'라는 의미에서 알지 못하는 것이다. 그렇지만 발바닥은 도달할 수 없는 것이 아니라 애초에 그곳을 향해 가려고 할 수 없는 것이다. 왜냐하면 그것은 걷고자 하는 바로 그 발바닥이기 때문이다. 이와 마찬가지로 개념적으로 사고하는 자신도 존재하는 것이기에, 사고는 존재로부터 조금 떨어져서 그에 대해 절대 생각할 수 없다(이 문장 자체도 마찬가지다).

다만 존재는 부정에 의해서만 말할 수 있는, 감춰진 것은 아니다. 발바닥과 마찬가지로 너무 당연하기 때문에 누구도 그에 주의를 기울이지 못하는 것뿐이다. 도달할 수 없는 것이 아닌, 도달하려는 시도가 무의미할 정도로 당연한 사상, 그것이 바로 존재다. 이렇게 보면 존재에 대한 무지는 인지의 불확실성이 아니라 존재 자체, 다시 말해 인지되어야 하는 존재의 경험 자체의 불확실성을 말한다. 자명하기 때문에 존재 자체가 불확실한 것이다. 후기 철학에서의 하이데거나 근대 일본 철학을 대표하는 니시다 기타로(1870~1945)는 각각 '존재사건(Ereignis)'과 '장소'라는 단어로 존재의 이중성을 표현했다.

신을 이해하려는 시도

지금까지 본 존재론은 '있다'라는 원초적 사실의 불확실성에 마주한 인간의 질문이었다. 하지만 인간은 철학의 역사보다 더 긴 시간 동안, 똑같은 불확실성에 대해 다른 방식으로도 질문을 던져왔다. 바로 신을 향한 질문이다. 세속화가 진행된(근대화로 종교의 힘이 약해진) 현대의 여러분은 종교에 대한 신앙심이 없으면 '신'과 관계가 없다고 생각할지도 모른다. 하지만 특정한 신앙을 전제하지 않더라도 철학적 질문에서 '신'은 매우 중요한 사상 중 하나다.

그때마다 새로운 '있다'

다시 한 번 간단한 언어로 생각해보자. 앞서 무엇에든 적용되는 '존재'의 성격을 보았다. 머그컵, 동화 속 곰, 삼각형, 우주와 소립자, 그 외의 무엇이든 각각은 각각의 형태로 존재한다. 또한 이것은 존재하는 것들의 나열에 불과하지만, 시야를 조금만 넓히면 다른 존재자는 서로 다른 문맥에 있으면서 무엇인가 함께 존재하고 있다. 예를 들어 감각적 사물인 머그컵을 한 손에 들고, 픽션인 동화 속 곰에 대해 아이와 함께 이야기할 수 있으며, 우주와 소립자의 물리 법칙은 수리적으로 기술할 수 있다. 관계의 멀고 가까움은 있지만 존재자 사이의 이러한 너그러운 관계는 얼마든지 넓어질 수 있다. 다시 말해 그에 대해 '존재'가 이야기되는 존재자는 사실 오직 하나로 독립한 것이 아닌, 관계의 네트워크로 연결되어 있다.

주목해야 할 부분은 이러한 '〈존재한다〉라는 사실'의 성격이다. '사실'이란 '그때그때, 실제로 그렇게 성립하고 있다'라는 것이다. 여기에서 말하는 '그때그때'란, 그 사실이 성립했을 때의 시간 위치다. 예를 들어 머그컵도, 동화 속 곰도 영원한 옛날부터 존재한 것은 아니며, 앞으로 존재하지 않을 가능성도 있지만, 적어도 현대의 인간은 그 존재를 이해하고 있다. 이 경우, 현대의 인간이 살아가는 '그때마다', 머그컵과 동화 속 곰은 그렇게 성립하고 있다. 여기에서 중요한 점은, '그때그때' 성립한다는 것은 말 그대로 한 번씩 새롭게 나타나는 것에 불과하다는 점이다. 왜냐하면 방금 본 것처럼, 어떤 하나의 '그때그때'에 성립하는 것이 다른 '그때'에 성립한다는 보증이 없기 때문이다. '그때그때'의 사실은 존재자가 성립할 때 언급되는 복수적인 것이지만, 그 복수의 사실은 각각 교환할 수 없는 독립적인 개성을 가지고 있다. 이를 철학적 용어로 '특이성(singularity)'이라고 부른다.

'있다'의 내적인 '다름'

그렇다면 '새롭게 나타난다'라는 성격에 초점을 맞춰보자. 예를 들어 숲속을 산책하는데 눈앞에 웜뱃이 나타났다고 가정하자. 웜뱃이 나타나는 경우, 여기에는 웜뱃이 존재한다는 사실이 있다. 하지만 웜뱃이 나타나는 것과 웜뱃이 그곳에 있다는 것은 과연 같은 말일까? 웜뱃이 나타나면, 물론 웜뱃은 그곳에 있다. 그러나 '나타나다'에는 '나타나지 않는다'에서 '나타나다'로 이행하는 움직임이 있는 데 비해, '그곳에 없다'와 '그곳에 있다'는 부재와 존재가 스위치처럼 완전히 바뀌는 것이다. 다시 말해 웜뱃이 '나타나는 것'은 '그곳에 있는 것'으로 수렴하지 않는다. 이는 '웜뱃'을 '우주'나 이외의 다른 모든 존재로 바꾸어도 똑같이 말할 수 있다. 이렇게, 나타나는 것은 존재와 뗄 수 없는 관계에 있으면서, 존재를 뛰어넘는 '도래(到來)'의 성격이 있다.

여기에서 '있다'라는 존재의 사실에 대한 불확실성이 새롭게 떠오른다. 이는 그 사실에 일정한 경계선이 그어졌다는 것이다. 앞에서 파르메니데스를 다루었던 것처럼, 무엇에도 적용할 수 있는 존재는 언뜻 보면 외부가 없이 편재하는 것, 다시 말해 경계선으로 구분되지 않고 모든 것을 자신의 안에서 동일화하는 것이다. 그렇지만 '있다'의 안에는 바로 그 '있다'로 동일화할 수 없는 도래의 운동이 구성되어 있다. 그로써 '있다'의 동일성은 무한하게 확장되는 것이 아니라 한계가 있는 것이 되며, 그런 의미에서 자신의 외부와 관계가 맺어진 것이 된다. 다시 말해 '있다'는 그 확장을 구별하는 내부의 경계선에 의해 '있다'에 동일화되지 않는 것으로서의 '다름'으로 향하고 있다. 다만 이 '다름'은 '있다'와의 관계에서만 성립하기 때문에 그것만을 잘라내어 논할 수는 없다. '다름'은 파르메니데스의 존재와는 반대로, 도래하면 한순간도 멈추지 않고 지나간다.

무(無)에서의 창조

언제나 도래하고 있지만, 언제나 지나가고 있다. 이런 바람과 같은 존재 방식은 전통적으로 '신'이라고 불리는 것의 특징으로 여겨진다. 웜뱃이나 우주 등 모든 존재자는 '다름'이 도래함으로써 비로소 존재자로 성립할 수 있다. 이는 다양한 종교와 신학에서 신 개념의 핵심이 되는 세계 창조로 이어진다. 예를 들어 그리스도교 등의 일신교에서는 신에 의한 세계의 '무(無)에서의 창조(creatio ex nihilo)'가 설명되는 것이다.

그리스 사람은 '무(無)로부터는 아무것도 창조할 수 없다 (ex nihilo nihil fit)'라고 생각한 데 반해, 헤브라이즘의 창조설은 완전한 무(無)에서 존재자를 처음으로 존재하게 만든 것이 신이라고 생각했다. 물론 그 자체는 신앙의 문제이며, 이 책이 그를 정당화하는 것은 아니다. 그렇지만 존재의 사실을 성숙하게 만드는 '다름'의 도래는, 신앙을 갖지 않은 자도 존재를 전제로 하지 않은 곳에서 존재가 시작된다는 창조설의 발상을 실감하게 만든다.

신앙의 신과 철학자의 신

이전 절에서는 존재의 초월을 이해하는 형태에 대해 '직접 느껴서 그렇게 받아들이고 있다'와 '그와 같이 표현하고 있다'라는 경험과 개념의 두 가지 측면을 구별하고, 그로부터 존재론의 역사에 대해 이야기했다. 마찬가지로 신을 둘러싼 철학적 질문의 역사도 경험과 개념의 긴장 관계로 구성될 수 있다.

존재와 동일하게 '언제나 도래하고 있지만, 언제나 지나가고 있는 것'도 일단은 경험상의 이해에서 시작한다. 구약성서에서 모세가 신에게 둘러싸인 유명한 장면을 예로 들어보자. 양을 쫓다가 신의 영역을 침범하여 신의 호통을 들은 모세는, 신을 바라보기가 두려워 순간적으로 눈을 가린다. 눈을 가린 채로 이름을 물어보는 모세에게, 신은 자신이 '존재하는 자'라고 대답한다. 여기에서 신은 눈에 보이는 감각적인 형태로 나타나지 않으며, 애초에 인간이 파악할 수 있는 어떤 형태로도 나타나지 않는다. 그렇지만 신은 그 장소에 도래하고 있다. 중세 철학 연구의 권위자인 에티엔느 질송(1884~1978)은 중세 철학을 대표하는 토마스 아퀴나스의 신 개념의 기본인 '존재(esse)'도 그 계보에 있다고 서술했다.[16]

이와는 반대로, 경험하는 것뿐만 아니라, 도래와 경과를 언어로 표현한다면 어떻게 될까? 이는 '그때마다'의 사실에 선행하고 그를 처음으로 성립하게 만드는 것을 개념으로 설명하는 것이다. 이를 철학적 용어로 '근거'라고 부른다. 예를 들어 《형이상학》에서 아리스토텔레스는, 모든 자연의 변화에 대한 궁극적인 근거로 '부동의 동자(unmoved mover)'를 언급하며, 그에 대한 탐구를 '신학(theology)'이라고 불렀다. 근거의 계보를 거슬러 올라가면, 모든 자연의 변화에 대한 근거에 도달한다는 발상이다.

이 두 가지 신 개념은 다르다. 전자의 경험으로서의 신은

---

16 《중세 기독교 철학사(Introduction à la philosophie chrétienne)》(1960), 에티엔느 질송

인간의 이성을 뛰어넘는 '종교적인 신'을 의미한다. 반면 후자의 개념으로서의 신은 세계를 합리적으로 설명하기 위해 도입한 '철학자의 신'이라고 할 수 있다.

신은 신이 스스로 만든다

근대로 들어오자 신을 둘러싼 경험과 개념의 관계가 전환했다. 근대에서 신의 본성이라고 여겨지는 '자기원인 (causa sui)'의 문제로 새롭게 떠오른 것이다. 지금부터는 현상학자 라즈로 텐게이의 연구에 근거하여 설명하려고 한다.[17]

자기원인이란 '어떠한 것이 자신이 존재하는 원인이 된다'라는 독특한 사고방식이다. '도쿄역이 원인이 되어 도쿄역이 존재한다'라고 말하면 상식적으로 이해하기 어려운 수준의 문장이다. 그렇다면 왜 신의 성격을 그렇게 규정하는 것일까?

근대의 자기원인론은 데카르트에서 출발한다. 그의 발상은 이런 식으로 정리할 수 있다. 우선 데카르트는 전지전능한 신의 '헤아릴 수 없음'을 경험적으로 실감하고 있다. 그에게 헤아릴 수 없는 신은 전지전능하며, 존재하지 않는다고 생각할 수 없다. 그렇지만 그는 모든 존재자에 대해 그것

---

17 《Welt und Unendlichkeit》(2014), 라즈로 텐게이 (한국 미출간)

이 존재하는 원인을 물을 수 있다고 생각했다. 이는 신에게도 적용할 수 있다. 그리고 그로부터 데카르트는 신의 존재는 분명 이유가 필요하지 않은데, 그 이유는 신을 헤아릴 수 없음이 신 자신이 존재하는 '원인 또는 이유(causa sive ratio)'가 되기 때문이라고 결론 내린다. 즉 경험할 수 있는 신의 압도적인 존재성이, 신의 존재를 설명하는 개념적 근거가 된다는 것이다. 다르게 말하면, 여기에서 생생한 신앙을 갖고 받아들일 수 있는 신의 경험은, 세계를 합리적으로 설명하는 신의 개념에 포함되어 그 일부로 변화한다는 것이다.

데카르트의 죽음 이후, 합리주의 철학자는 이에 대해 더욱 철저하게 사고했다. 네덜란드의 철학자 바뤼흐 스피노자(1632~1677)는 인과관계를 논리적으로 이유를 부여하는 관계로 다시 이해하고, 신의 개념 자체에서 신의 존재가 도출되는 것이 자기원인이라고 해석했다. 나아가 독일의 철학자 고트프리트 라이프니츠(1646~1716)는 원인이라는 단어조차 꺼내지 않고, 신이 자신에 대한 존재의 개념적 '이유(ratio)'가 된다고 서술했다. 이렇게 신을 둘러싼 경험과 개념의 긴장 관계에서 점차 개념의 우위가 확립되었다.

신의 죽음

그러나 그 이후, 신에 관한 철학적 질문은 신의 개념에 대한 근원적 비판으로 반전되었다. 왜냐하면 일단 신의 개념이 경험에서 분리되어버리면 아무리 논리적으로 정교하고 치밀해도 신은 인간에 의한 이야기에 불과할 뿐이므로, 결국 인간이 신보다 근본적이라는 말이 되기 때문이다. 인간이 의도적으로 작성한 창작물에 지나지 않기 때문에 신은 실제로 존재하지 않으며, 애초에 인간에게는 그다지 중요하지 않게 느껴지기까지 한다. 이것이 '신의 죽음'과 관련된 문제다. 이 주제에 관한 선구자로 헤겔 등이 있는데, 그 가운데 가장 유명한 철학자는 프리드리히 니체(1844~1900)다. 니체는 저서 《즐거운 지식》에서 이렇게 강건하게 묘사하고 있다.[18]

신도 역시 부패한다! 신은 죽었다! 신은 죽은 채로 있다! 심지어 우리가 신을 죽인 것이다! 살해자 중의 살해자인 우리 인간은 어떻게 스스로를 위로해야 할까? 세상이 지금까지 소유했던 가장 신성하고 가장 강력한 존재가 우리의 칼에 피투성이가 되어 죽어버렸다. (…) 그러한 행위를 할 자격이 있다는 것을 보이기 위해서는, 우리 자신이 신이 되어야만 하는 것은 아닐까? 이보다도 위대한 행위는 지금까지 존재하지 않았다.

18 《즐거운 지식(Die fröhliche Wissenschaft)》(1882), 프리드리히 니체

'가장 신성'하고 '가장 강력'한 신이 자신의 창작물에 불과하다고 이해할 때, 인간은 신을 살해한 자가 된다. 왜냐하면 신이라는 절대적 근거를 날조할 수 있는 인간의 존재야말로 신의 근원성을 남김없이 부정해버리기 때문이다. 그렇다고 하더라도 그를 날조할 수 있는 인간도 매우 놀라운 존재다. 그렇게 니체는 '신의 죽음'을 살아가는 인간의 본능적인 창조성의 모티프를 전개해나가는데, 이는 후기의 '힘에 대한 의지'로 이어진다.

신의 경험으로 향하는 회귀

그렇다면 '신'은 그리스도교나 신도 등 개별적인 종교의 문제이고, 철학적 문제로서는 사라져버리는 것일까? 그렇지 않다. 왜냐하면 세계를 근거로 하는 개념으로서의 신이 죽어도, 그때마다의 경험에 도래하는 신은 부정되지 않기 때문이다. 이러한 신은 머그컵이나 동화 속 곰이 만들어내는 흔한 일상의 모든 장면에서, 무언가가 '있다'라는 실감과 함께 도래하고 있다. 이는 종교를 전혀 믿지 않는 사람에게도, 또 우주와 생명의 기원이 신의 창조가 아닌 빅뱅과 진화에 의한 것이라고 생각하는 사람에게도 통용한다.

물론 신은 전지전능과 같은 엄청난 힘은 가질 수 없으며, 어쩌면 숭배조차 하고 싶지 않은 존재일지도 모른다. 그러나 우리가 살아가는 일상 가까이에 언제나 도래하고 있는 '다름'은, '우리에게는 결코 손이 닿지 않고, 뜻대로 할 수는 없지만 언제나 직면하고 있는 것이 있다'라는 차이를 처음으로 이해하게 만들고, 자신이 처한 현실이 전부라고 생각하지 않는 겸허함과 스스로를 뒤돌아보고 행실을 바로잡는 책임감을 갖게 한다. 20세기 이후의 철학에서 신에게 던지는 질문이 문제삼는 것도 이러한 경험으로서의 신이다. 현상학자 디디에 프랑크(1947~)는 하이데거와 레비나스가 이런 점에서 방법을 같이한다고 서술한다.[19] 그리고 일본의 철학자 니시다 기타로는 후기 종교론에서, 그 자체의 모습을 감춤으로써 일상의 모든 존재자를 존재시키는 신에 대해 다루고 있다.[20]

---

19 《L'un-pour-l'autre - Levinas et la signification》(2008), 디디에 프랑크 (한국 미출간)

20 <장소적 논리와 종교적 세계관>(1987~1989), 니시다 기타로 (한국 미출간)

깊어지는 범주에 관한 질문

개략적이지만 지금까지 인간이 존재와 신에게 질문을 던지고 대답하는 형식에 대해 확인했다. 전통적인 철학에서는 그 답으로 적절한 것, 다시 말해 다종다양한 존재자의 바탕에 있는 이들의 기초적 사실을 받아들이는 방식을 '범주(category)'라고 부른다. 범주란 '존재'의 근본 질서다. 그렇기 때문에 범주 역시 철학의 기본 문제 중 하나라고 할 수 있다.

범주에 관한 니체의 비판

그렇지만 지금까지 본 것처럼 존재와 신이 불확실한 것이라 한다면, '범주'라는 발상 자체가 의심스럽게 느껴지지 않는가? 왜냐하면 '존재와 신은 이러이러한 질서를 갖는다'라는 범주를 말해도, 존재도 신도 말을 꺼낸 순간 그로부터 달아나버리는 것이기 때문이다. 앞에서 들었던 비유를 돌이켜보면, 땅에 붙어 있든 떨어져 있든 발바닥을 향해서는 걸어갈 수 없다. 그런 점에서 형이상학을 철저하게 비판한 니체가 범주의 전통적인 개념을 강력하게 비판한 데도 그 나름대로의 정당성이 있다. 그는 1887년 가을에 집필한 초고에서 다음과 같이 서술했다.[21]

우리의 모든 인식 기관과 감각은 삶의 유지와 발달이라는 조건을 고려할 때만 전개된다. 이성과 이성 범주에 대한 신뢰는, (…) 경험을 통해 명백해진 삶의 유익함을 증명할 뿐이다. 다시 말해 그것이 '진리'임을 증명하지는 않는다.

여기에서는 2000년이나 '있다'의 근본 질서라고 여겨져 온 범주가 생존에 도움을 주는 도구에 지나지 않으며, 진리는 존재하지 않는다고 이야기한다. 왜냐하면 '근본 질서'인 이상, 범주는 모든 개별적이고 구체적인 현실에 선행하고 전제되지만, 이런 경우에 범주 자체의 정당성을 확인하는 증거가 없기 때문이다. 여기에서 니체는, 범주의 사용에 확실한 근거 없이, 현실을 고정하는 것이 살아가는 데 편리하기 때문에 그러한 허구를 창작했을 뿐이라고 결론지었다. 언뜻 보면 지금까지의 이야기로 이 책 또한 그와 같은 입장에서 전개되는 것처럼 보이기도 한다. 하지만 그것이 정말

---

21 《니체 전집 유고(1887년 가을~1888년 3월)》, 프리드리히 니체

사실일까?

범주를 말한다는 것은

범주를 말한다는 것이 과연 무엇을 하는 행동일지 생각
해보자. '범주'의 어원은 '고소하다'를 의미하는 그리스어
'카테그레인(katēgorein)'이다. 누군가를 법정에서 고소할 때,
우리는 '누구누구에게는 이러이러한 죄가 있다'라며 피고
인이 어떠한 인물인지 이야기한다. 이를 통해 우리는 피고
인에게 절도나 사기 등의 방식을 귀속시킨다. 이러한 사정
을 계승하여 철학에서의 범주는 일반적으로 어떤 사상에
무언가의 방식을 귀속시키는 것을 의미한다. 전통적으로는
'이 사람은 소크라테스다' 혹은 '소크라테스의 피부는 하얗
다'와 같이 어떤 사상에 대해 언어로 '이것은 이러이러하다'
라고 표현하는 것이다. 또한 철학에서는 임의의 사상이 가
질 수 있는 가장 근본적인 형태, 즉 '존재'의 근본 질서를 주
요하게 논하고 있다.

그리고 이렇게 대상에 속성이나 관계를 귀속시킬 때, 우
리는 질문을 던지고 대답하는 대화에 의지한다. '그 사람
은 소크라테스다'라는 대답은 '저 사람은 누구인가'라고
질문을 받은 경우이며, '소크라테스의 피부는 하얗다'라는
대답은 '소크라테스는 어떻게 생겼는가'라는 질문을 받은

경우다. 철학사를 비추어보면, 범주라는 개념은 용기나 아름다움 등 다양한 사상에 대해 소크라테스가 던진 '이것은 무엇인가(ti estin)'라는 질문에서 출발한다. 앞서 언급한 것처럼 범주를 말한다는 것은 철학적 질문에 대해 답하는 것이다.

그렇다면 철학적 질문에 대답한다면, 사상의 불확실성이 사라지고 니체의 비판처럼 고정화되는 것일까? 그렇지 않다. 범주에 대한 이야기가 어디부터 시작하고 어디에 도달하는지에 주목해보자. 처음은 '이것은 무엇인가'라는 질문에서 시작한다. 일상적인 대화에서는 이러한 질문에 '이것은 웜뱃이다' 등으로 대답한다. 처음의 불확실성은 이렇게 일단 해소할 수 있다. 그러나 '이것은 무엇인가'라는 질문은 얼마든지 계속될 수 있다. '웜뱃이란 무엇인가'라는 질문에는 '그것은 생물이다'라고 대답할 수 있으며, '생물이란 무엇인가'라는 질문에는 '생물은 자연의 사물이다'라고 대답할 수 있다. 이러한 질문과 대답을 거듭해가면서 눈앞에 있는 특정 동물에 대한 불확실성은 그보다 넓은 일반적 사상의 확실성에 뒷받침된다. 그렇다면 이러한 과정의 마지막은 어디에 이르는 것일까? 그것은 바로 '있다'일 것이다. 왜냐하면 자연이든 그 외의 어떠한 사상이든 무언가가 '성립하는 것'인 이상 그 바탕에 '있다'라는 사실을 전제하기 때문이다. 다시 말해 '이것은 무엇인가'라는 질문에 대한 최후의 대답은 '있다'이다. 이러한 '있다'는 반드시 마지막까지 전제되기 때문에 할 수 있는 생각 가운데 가장 확실한 대답이다. 그렇지만 가장 확실한 대답은 다른 모든 대답의 전제이기 때문에 그 자체를 뒷받침하는 전제는 없다. 그러므로 '있다'라는 대답의 확실성은 전혀 근거가 없는 불확실성과 다르지 않다. '이것은 무엇인가'라는 질문에 대답하는 범주는, 니체의 비판과는 반대로, 대답의 무근거성에 의해 사상의 궁극적인 불확실성을 드러내고 있다.

여기에서 떠오르는 것은, 철학적 질문의 끝이 아니라 불확실성을 드러냄으로써 새로운 질문을 불러일으키는 이야기로서의 범주의 모습이다. 이에 대해 범주 개념의 역사를 대표하는 두 철학자를 소개하려고 한다.

아리스토텔레스의 고찰

첫 번째 철학자는 아리스토텔레스다. 아리스토텔레스의 범주는 일반적으로 '존재론적'이라고 부른다. 이는 범주가 사상 자체의 내적인 성립을 가리키는 것을 의미한다.

일상의 대화에서 '이것은 무엇인가'라는 질문을 받았을 때 가장 가까이에 존재하는 문제는 우리가 세계를 둘러보고 바라보는 각각의 사물이다. 예를 들어 웜뱃은 지구상에 몇 만 마리나 있지만, 우리가 '그것은 무엇인가'라고 물었을 때 처음으로 '그 웜뱃'이나 '저 웜뱃'과 같은 각각의 특정한 웜뱃을 문제로 삼는다. 아리스토텔레스는 '있다'라고 말해지는 그들의 가까운 각 사상(철학적 용어로 '개체'라고 한다)에 의거하여 그 사상의 내적인 성립을 생각하려고 했다.

아리스토텔레스의 범주에서는 '실체(ousia)'라는 개념이 중심이다. 그는 우리가 세계를 둘러보며 '이것은 무엇인가'라고 묻는 모든 개체에 대해 '그것은 실체다'라고 대답한다. 실체에 대한 개념은 아리스토텔레스 초기의 《범주론》과 후기의 《형이상학》에서 다르게 나타나므로 이제 그 내용을 각각 검토해보도록 하자.

《범주론》에서의 제1실체

《범주론》에서는 일상 언어의 질서에 근거하여 '이것은 무엇인가'라는 질문의 궁극적인 답인 '실체' 개념이 등장한다. 이는 다양한 의미로 일컬어지는 '있다'의 근본 기반이다.

예를 들어 일상의 대화에서는 '하얗다'나 '두 개 있다', '옆에 있다' 혹은 '도리에 어긋난 처우를 당하고 있다' 등 현실이 어떤 형태로 '있는지'를 말할 수 있다. 이때 '하얗다'가 표현하는 '하양'은 그것만으로 '있다'라고 말할 수 있을까? 다시 말해 어떠한 것에도 속하지 않은 '하양'만이 존재할 수 있을까? 그것은 절대 불가능하다. 오히려 '하얗다'라고 말할 때, 우리는 '웜뱃은 하얗다'와 같이 '하양'의 담당자를 암묵적인 전제로 삼는다. 이는 '두 개'나 '옆에', '도리에 어긋나는 처우를 당하고 있다'에서도 동일하게 말할 수 있다. 아리스토텔레스는 이처럼 다양한 속성의 담당자가 되어 그들의 속성을 성립시키는 것을 '기체(hypokeimenon, 基體)'라고 불렀다. 그리고 '하양'이나 '웜뱃'이라는 이름이 말하는 것은 각각의 특정한 것(어떤 특정한 웜뱃)이므로 가장 근본에 있는 기체가 개체라고 간주했다. 《범주론》에서는 이렇게 어떤 특정한 것으로서의 개체를 '제1실체(prote ousia)'라고 부른다.

중요한 점은 제1실체가 단순히 다양한 속성의 담당자일 뿐만 아니라, 어떤 '무언가'로서, 예를 들어 '웜뱃'으로서 인식할 수 있다는 점이다. 그리스 철학을 연구한 이노우에 타다시(1926~2014)는 언어를 이용해 세계를 이야기할 때 우리는 언제나 구체적 의미를 가진 개체와 관계하고 있다고 강조한다. 예를 들어 일상의 대화에서 '망치가 너무 무거운' 상황을 상상해보자. 목수 일을 하고 피곤하기 때문에 항상 사용하던 도구가 무겁게 느껴질 수 있다. 우리는 이와 같은 구체적인 행위의 상황에서 자연스럽게 언어를 말할 수 있다. 거기에는 상황에 고유한 개체가 무수히 존재한다. 이 경우, 개체는 너무 무거워서 손에 들기 벅찬 그 망치다. 그렇다면 이러한 일상 언어를 사용하는 개체로부터 '망치'와 같은 '무엇인가'를 결정하는 의미를 벗겨내고, 구체적 의미를 전혀 갖지 않는 하얗고 이름 없는 사물을 골라낼 수 있을까? 일반적으로는 불가능하다. 왜냐하면 일상의 개체가 특정한 생활 동작(목수 일)의 상황에 놓여 있는 이상, 개체는 처음부터 '망치'라고 불리는 것으로서만 존재하기 때문이다. 다르게 말하면 '망치'라고 단어를 내뱉기 바로 직전에 망치라는 의미를 가진 개체가 나타난다. 이노우에의 표현을 빌리자면, 이런 유의미한 개체를 처음으로 '깨달았기' 때문에 우리는 객체에 대해 '망치가 너무 무겁다'라고 계속 표현할 수 있는 것이다. 《범주론》에서 '제1실체'라고 불리는 것은 이렇게 유의미한 개체다.

아리스토텔레스는 제1의 범주인 '실체'에 덧붙여, 그에 뒷받침되는 다른 범주로 '양', '질', '관계', '장소', '시간', '태세', '소지', '능동', '수동'을 들었다. 일반적으로 '아리스토텔레스의 범주 개념'의 경우, 이러한 10가지를 의미한다.

'형상'과 '질료'와 '결합체'

이후 《형이상학》에서는 아리스토텔레스의 실체에 대한 개념이 변화한다. 《범주론》의 제1실체는 '무엇'('어느 특정한 웜뱃' 등)으로서 파악될 뿐이었다. 이에 비해 《형이상학》에서는 '무엇'이 독립된, '본질'이라는 실체의 구성 원리다. '본질'이라는 단어의 원어인 'to ti en einai'는 직역하면 '그것이 있던 곳의 사물인 것'이라는 특이한 표현이다. 여기에서 '있던'이라는 과거형에 주목하기 바란다. 예를 들어 눈앞에 동물이 있고, 그에 대해 '이것은 무엇인가'라는 질문을 받아 '그것은 웜뱃이었다'라고 대답할 때, 그 동물은 대답하기 전부터 이미 웜뱃이었다고 파악할 수 있다. 또한 언어로 나타내기 이전에 이미 웜뱃이었다는 성질은, 발화자에 좌우되지 않은 독립적인 개체의 존재를 나타낸다. 본질 개념의 과거 성격은 이와 같이 이해할 수 있다.

그리고 《형이상학》의 실체 개념은 또 하나의 중요한 발전을 보여준다. 그로써 아리스토텔레스는 이 세계의 사물이 끊임없이 변화하고 있다는 사실을 설명하고자 했다. 예를 들어 눈앞에 있는 웜뱃은, 몇 년 전에는 부모의 뱃속에 있는 '웜뱃'이라고도 부를 수 없는 미수정란이었다. 이 경우, 현재 개체의 본질이 '웜뱃'이라고 해도, 과거 그 개체는 아직 웜뱃이 아니었던 것이다. 사람이 만든 물건인 망치도 원래는 목재와 철이었다. 이는 생성하고 변화하는 모든 자연계에 대해서도 똑같이 말할 수 있다. 그러므로 세계를 구성하는 개체가 '무엇'인가(본질)만 말하는 것은 '존재'를 향한 질문에 확실하게 대답하지 않는다. 그래서 아리스토텔레스는 실체를 '형상(eidos)'과 '질료(hyle)'라는 두 가지 계기로부터 구성되는 것이라고 다시 파악했다.

'형상'은 실체가 '무엇인가'를 정하는 구성 원리다. 일단 여기에서는 '본질'과 동일하다고 하자.[22] 아리스토텔레스 본인의 사례로 이야기하자면, 청동 동상이 있었던 경우, 동상을 동상답게 하는 모양이 형상에 해당한다. 문자 그대로 시각적 형태뿐만이 아니라, 웜뱃과 같은 생물이라면, 생물을 더 생물답게 하는 활동 원리(개체 유지, 생식 등)가 형상이다. 그에 비해 '질료'란 형상에 의거하여 형성되는 구체적인 소재다. 청동 동상이라면 재료인 청동이, 웜뱃이라면 그 뼈나 살이 질료에 해당한다. 그리고 형상과 질료의 조합을 '결합체(synolon)'라고 부르고, 결합체야말로 끊임없이 변화하는 세계를 구성하는 실체라고 생각했다. 다시 말해 형상을 아직 현실화하지 않은 질료에서 형상을 현실화하는 결합체로의 변화에 의해 우리가 일상적으로 '파악하는' 개체가 성립하는 것이다.

여기에서 사고의 출발점은 어디까지나 '파악되는' 개체(어느 특정한 웜뱃)라는 점에 유의하기 바란다. 아리스토텔레스가 강조하듯이, 변화의 결과인 개체(결합체)가 우선 실제

---

22 《형이상학》, 아리스토텔레스

로 주어지고,[23] 그다음 비로소 실체의 생성을 설명하는 형상과 질료의 개념이 도입되었다. 이렇게 아리스토텔레스에게 근본 범주인 실체는 변해가는 감각적 세계의 생생함을 끄집어내며 '있다'에 대한 질문에 한 걸음 다가간다.

가능태와 현실태

그렇다면 여기에서 의문이 생기지 않는가? 형상과 질료의 구별은 형상과 질료가 현실과 결합하고 있는 장면에서 고찰할 수 있다. 이것은 자연스러운 의론이다. 왜냐하면 형상과 질료는 결합체라는 완성품의 설계도 및 재료로만 의미를 갖기 때문이다. 망치라는 완성품을 전제하지 않았다면 철은 '소재'가 아니라 그저 철에 불과하며, 망치의 설계도는 '설계'의 의미가 없는 그저 도형일 뿐이다. 그러므로 형상·질료론은 설명해야 할 개체가 현실에서 성립하는 시점에서만 말할 수 있으며, 그 시점에서 '망치가 될 수 있는 철'처럼 완성품이 될 수 있는 것을 구별하는 것이다. 그렇지만 이렇게 정리하면 아리스토텔레스의 실체 개념 자체를 뒷받침하는 전제가 아직 남아 있다는 점이 두드러진다. 그것은 실체가 주어지는 방식에 있는 '현실에서'나 '할 수 있는'이라는 표현에서 간파할 수 있다.

---

23 《형이상학》, 아리스토텔레스

《형이상학》에서는 실체 개념 이후, 주제를 바꾸어 '가능태(dynamis)'와 '현실태(energeia)'라는 개념에 대해 고찰했다. 이는 오늘날로 말하자면 '가능성'과 '현실성' 등 '양상(modality)'에 대응하는 것, 다시 말해 어느 사상이 주어지는 확실성을 나타내는 개념이다. '가능태'는 실체의 형상이 아직 현실화되지 않고 가능성으로만 있는 상태다. 반면 '현실태'는 형상이 현실화한 상태다. 청동 동상으로 말하자면 아직 동상으로 만들어지지 않은 청동은 가능태이며, 실제로 동상이 된 청동은 현실태다. 웜뱃으로 말하자면 미수정란은 가능태, 성장한 성체는 현실태다. 현실태인 것은 그 이름처럼 너무도 확실하게 존재한다.

그리고 아리스토텔레스는 형상·질료론에서 결합체의 전제성에 따라 현실태가 근원적이다, 즉 가능태보다 현실태가 선행하는 개념이라고 말했다. 이는 다음과 같은 유명한 말로 나타내고 있다.[24]

현실태는 실체에서도 보다 앞에 있다. 그 이유는 (…) 생성에서 나중인 것들(현실태에 있는 것-저자 주)은, 그 종(種) 또는 그 실체에서 보다 선행하기 때문이다.

---

24 《형이상학》, 아리스토텔레스

이것이 의미하는 바는 가능태가 존재하기 위해서는 현실태가 사전에 성립해야만 한다는 것이다. 앞에서 서술했듯, 망치의 소재가 '앞으로 〈망치〉가 되어야 하는 것'(가능태)으로서 성립하기 위해서는 망치라는 완성품이 이미 현실(현실태)에서 성립해야만 하기 때문이다. 이것은 아리스토텔레스의 탐구에서 매우 중대한 의의를 갖는다. 다시 말해 《범주론》의 제1실체에서 시작한 '이것은 무엇인가'라는 질문은 《형이상학》의 실체를 거쳐, 실체가 실체로서 성립하기 위해 전제하는 확실성(현실태)을 끄집어낸 것이다. 반복해서 말하자면 현실태란, 예를 들어 '어느 특정한 웜뱃'이 현실 속에 성립한다는 사실 자체다. 이를 확장하면, 아리스토텔레스의 탐구는 무수한 개체로 이루어진 세계의 존재, 다시 말해 '존재'라는 사실의 궁극적인 확실성에 부딪힌 것이다.

그러나 그 종착지에서 아리스토텔레스 '대답'의 불확실성이 드러난다. 다시 말해 형상·질료론에 의해 생성하고 변화하는 자연에 대해 이야기할 때, 그는 개체가 실제로 성립하는 경우, 예를 들어 '어느 특정한 웜뱃'이 현실에 주어지는 장면에 입각하고 있다. 아리스토텔레스가 현실태의 근원성을 주장한 이유 중 적어도 하나는 여기에서 찾을 수 있다. 그렇지만, 만약 그렇다면, 현실태 자체, 즉 개체와 세계가 현실에 주어지는 사실 자체에 대해서는, 이를 전제로 할 수밖에 없으며 그것이 '무엇'인지 대답할 수 없을 것이다. 현실태란 '그것은 무엇인가'에 대한 대답이 그곳에 설 수밖에 없는 기반이기 때문에 발바닥과 마찬가지로 그 자체가 '무엇인가'를 말할 수 없게 될 것이다. 실제로 아리스토텔레스는 현실태 자체를 정의하려고 해서는 안 되고, 유추를 통해서만 말해야 한다고 강조했다.[25] 그렇게 생각하면 아리스토텔레스가 다음과 같이 말할 때 실체를 '대답'으로서 예고함에도, 그 '대답'으로부터 '있다'를 둘러싼 '질문'이 새롭게 펼쳐진다는 사실을 알 수 있다.[26]

아주 오래전부터 지금까지 여전히 묻고 탐구하지만 언제나 대답하기 어려운 '존재란 무엇인가'라는 문제는 결국 '실체란 무엇인가'를 말한다.

칸트의 고찰

범주 개념에 대해 논한 두 번째 대표적인 철학자는 칸트다. 칸트의 범주는 일반적으로 '인식론적 범주'라고 부른다. 이는 사상을 인식하는 우리의 사고 구조로 '범주'의 성격을

---

25 《형이상학》, 아리스토텔레스
26 《형이상학》, 아리스토텔레스

구분하는 것을 의미한다. 아리스토텔레스의 존재론적 범주는 사상 자체에 내장되었지만, 칸트의 인식론적 범주는 사상의 내적 구조가 아니라 우리가 사상을 파악하는 질서라는, 사상 자체에 대한 외적인 부분이다.

인식론적 범주의 배경에는 스코투스나 데카르트를 원류로 하는 근대의 인식 철학이 있다. 쉽게 설명하면 이 철학은 마음의 내부와 외부를 구별하고, '나'의 마음 내부에서 외부 세계로 도달하는 것을 철학의 근본 과제라고 여겼다. 마음의 내부는 '주관'이나 '의식', '자아'라고 불리며, 외부는 '객관'이나 '자연', '실재'라고 불린다. 이러한 입장에서 보면 웜뱃이나 청동 동상이 존재해도 그것들은 '나'의 의식에 나타나는 것에 불과하다. 그렇기 때문에 웜뱃이나 청동 동상에 대해 '이것은 무엇인가'라고 물으면 얻을 수 있는 대답 또한 '나'의 의식의 범위로 한정할 수 있다. 그러므로 인식론적 범주는 사상을 이해하는 우리 사고의 틀이 된다고 할 수 있다.

선천적 종합 판단의 가능성

그래서 칸트의 '이것은 무엇인가'라는 질문은 아리스토텔레스의 질문과는 전혀 성격이 다르다. 칸트는 주요 저서인 《순수 이성 비판》(제1판: 1781년, 제2판: 1787년)에서 '선천적 종합 판단'의 가능성에 대한 논증을 자신의 과제로 삼았다.

'아프리오리(a priori)'는 '선행하다'를 의미하는 라틴어로, 그때그때의 경험에 의존하지 않고 경험에 선행하여 전제로 간주되는 것을 나타낸다. '종합 판단'이란 주어의 개념에 포함되지 않은 내용을 새롭게 추가한 판단을 의미한다. 예를 들어 '독신자는 결혼하지 않았다'라는 판단은, 애초에 주어인 '독신자'가 결혼하지 않은 사람을 의미하기 때문에 주어에 새로운 내용을 아무것도 덧붙이지 않는다. 이것이 '분석 판단'이다. 그에 비해 '물체에는 무게가 있다'라는 판단은 어떨까? 웜뱃을 들어올리면 무거운 것처럼, 각각의 경험 속에서 물체는 당연히 무게가 있다. 그렇지만 '물체'의 개념 자체에 '무게'라는 의미가 포함되어 있는 것은 아니다. 그러므로 판단은 주어에 새로운 내용을 덧붙인 종합 판단이 되는 것이다.

이런 두 가지를 합치면, '선천적 종합 판단'은 각각의 구체적인 경험에 선행하여 경험을 제한하는 판단을 의미한다. 이런 틀에 박힌 형식으로서 칸트가 생각한 것이, 사상을 인식하는 사고 구조로서의 범주였다. 칸트에 따르면 모든 대상은 경험을 통해 나타난다. 그러므로 모든 대상은 '가능성의 조건'이라는 경험의 형식인 범주에 따라 나타난다.

그렇지만 이런 경우에 주관적인 사고 질서가 객관적인

자연의 경험을 구성하고 있다는 것을 증명해야만 한다. 그렇지 않으면 범주는 마음속에서 생각만 하는 것이 되어 마음 외부와의 어떠한 관계도 사라져버리기 때문이다. 이것만으로는 '이것은 무엇인가'라는 질문에 대한 대답이 되지 않는다. 그래서 칸트의 인식론적 범주의 경우, 범주가 실재에 도달할 가능성이야말로 근본 문제가 된다. 이것이 선천적 종합 판단의 가능성에 대한 문제다.

감성과 오성

이러한 문제를 설정하는 한, 칸트 철학은 범주를 이용한 인식 주관의 사고를 중심으로 조합되는데, 그뿐이라면 라이프니츠의 합리주의와 크게 다르지 않다. 하지만 칸트에게는 경험을 인식의 원천으로 중시하는 데이비드 흄 (1711~1776) 등의 경험주의적 측면도 있다. 즉 칸트는 주관이 능동적으로 움직이게 만드는 사고뿐만이 아니라, 주관이 수동적으로 받아버리는 감각 경험도 인식에서 빼놓을 수 없는 계기라고 생각했다. 전자는 '오성(Verstand)'이라고 불리며, '자발적(spontan)'인 인식 능력으로 여겨진다. 반면 '감성(Sinnlichkeit)'이라고 불리는 후자는 '수용적(rezeptiv)'인 인식 능력으로 간주된다. 감성이 없다면 빛 등의 사상이 감각으로부터 주어지지 않고, 인식해야 하는 내용이 사라진다. 반대로 오성이 없으면 '돌이 부딪혔기 때문에 유리창이 깨졌다'와 같이 다른 감각 경험을 연결할 수 없게 되어 인식은 의미를 잃는다. 이러한 이유 때문에 감성과 오성은 모두 인식이 성립하는 데 꼭 필요하다고 여겨졌다.

이렇게 감성과 오성을 구별한 다음, 칸트는 그들의 선천적인 형식에 대해 다루었다. 우선 감성에 대해서는 각각의 감각 경험에 앞서 공간과 시간의 형식을 반드시 전제로 한다.

공간부터 생각해보자. 예를 들어 웜뱃이 보인다고 할 때, 머리와 다리는 다른 곳에 있다. 또한 이 동물은 어떤 장소에 있는 것이며, 다른 장소에는 캥거루 등 다른 동물이 보인다. 게다가 웜뱃은 우리 마음속의 일부가 아니라 마음의 외부에 있다고 보는 것이 너무 당연하다. 이들의 시각 경험에 포함되는 '다른 곳' 혹은 '어떤 장소와는 다른 장소' 등 '외부'라는 공간에 대한 이해는 각 사물에 대한 감각에서 처음부터 전제되고 있기 때문에 그 자체는 감각을 통해 얻을 수 없다. 그래서 칸트는 우리의 감각 경험의 바탕에 공간 형식이 있다고 생각했다.

시간도 마찬가지다. 웜뱃이 보인다고 할 때, 우리는 머리 등 몸의 일부분을 본 후에 발 등의 다른 부분을 본다. 또 어떤 장소의 동물을 본 후에 다른 장소의 동물을 본다. 여기에서 우리의 감각 경험이 언제나 시간의 전후 관계를 전제한다는 사실을 알 수 있다. 따라서 시간 역시 감성의 선천적인 형식이라고 할 수 있다.

오성은 어떨까? 칸트는 오성을 반드시 이용하는 개념을 '순수 오성 개념'이라고 이름을 붙이고, 아리스토텔레스를 의식하여 '범주'라고도 불렀다. 주관의 사고 능력인 오성이 범주를 이용하는 것은 감성이 부여하는 제각각의 감각 정보가 범주를 근거로 정리되는 것을 의미한다. 예를 들어 감성만으로는 웜뱃의 머리와 다리가 각각 다른 공간적, 시간적 위치에 있다는 것만 알 수 있다. 그렇지만 우리는 웜뱃의 머리와 다리에 대해, '머리는 1개 있고, 다리는 2개 있다'라며 공통적인 기준으로 수를 세거나, '머리와 다리는 하나의 신체에 속한다'라는 기관의 관계를 서술하여 공간적으로 구별된 제각각의 사상을 정리한다. 이러한 활동을 '종합(synthese)'이라고 부른다. 종합은 범주에 따라 행해질 수 있다.

네 가지 범주

구체적으로 칸트는 범주를 네 그룹으로 나누고, 각각 세 가지 범주를 할당했다.

1. 양의 범주: 단일성, 수다성, 전체성
2. 질의 범주: 실재성(사상성), 부정성, 제한성

3. 관계의 범주: 내속과 자체 존재, 원인성과 의존성, 상호성

4. 양상의 범주: 가능성과 불가능성, 현존재와 비존재, 필연성과 우연성

개별적으로 간단하게 확인해보자. 우선 양의 범주는 대상을 수적으로 파악하는 방법이다. 어떤 웜뱃도 일단 하나의 개체여야만 하는데, 이를 '단일성'이라고 한다. 그리고 이것이 복수가 되면 '수다성', 복수를 모두 모으면 '전체성'이다.

두 번째, 질의 범주는 대상이 어떠한 상태에 있다는 형식을 나타낸다. 예를 들어 '갈색이다' 혹은 '무겁다'라는 웜뱃의 상태가 '실재성(realität)'이다. 또한 '갈색이 아니다'나 '무겁지 않다'라는 상태가 '부정성', 그리고 '대부분 갈색이다'나 '거의 갈색이 아니다'처럼 정도가 있는 중간 상태가 '제한성'이다.

세 번째, 관계의 범주는 여러 사상의 연결을 나타낸다. '내속과 자체 존재'라는 칸트의 딱딱한 표현은 아리스토텔레스가 실체와 속성(우유성)으로 나타낸 개념이다. 앞서 아리스토텔레스를 검토할 때, '하얗다'와 같은 속성은 그 자체로 존재할 수 없고, '웜뱃'과 같은 자립한 담당자=실체를 전제한다는 것을 확인했다. 칸트는 이를 두 가지 사상의 '관계'로 다시 파악한 것이다. 그에 따라 '원인성과 의존성'은

'돌이 부딪혀서 유리창이 깨졌다'와 같은 원인과 결과의 관계를, 그리고 '상호성'은 자립한 실체 사이의 인과관계를 나타낸다.

마지막으로 양상의 범주에는 독특한 특징이 있다. 왜냐하면 양, 질, 관계의 범주가 '대상이 어떻게 존재하는가'에 대한 규정인 데 비해, 양상의 범주는 '사고하는 나 자신의 대상에 대한 확률'을 나타내기 때문이다. '가능성과 불가능성'은 경험의 선천적인 형식(시간과 공간, 순수 오성 개념)에 따를 것인가, 혹은 따르지 않을 것인가에 대한 차이를 나타낸다. 경험의 형식에 따르는 한, 그 대상은 '존재할 수 있다(가능)'이며, 그렇지 않으면 '존재할 수 없다(불가능)'인 것이다. 또한 '현존재와 비존재'는 현실을 느끼고 있는가, 혹은 그렇지 않은가를, 그리고 '필연성과 우연성'은 '가능성만 있으면 반드시 현실에서 존재하는 것'과 '존재하지 않는 것이 있을 수 있는 것'을 의미한다.

초월론적 연역

그렇다면 주관적 사고 질서인 범주는, 어떠한 방식으로 객관적 자연에 적용되는 것일까? 여러분은 '그것은 절대 증명할 수 없어'라고 생각하지 않는가? 왜냐하면 아무리 근본적인 개념이라도 여러분이 마음속으로 생각하는 것에 불과한 이상, 그것이 마음의 외부와 관계한다는 것을 증명할 수 없지 않을까? 칸트는 이와 같은 의심을 해소하기 위해 굉장히 정밀하고 복잡한 의론을 제시하고 있다.

칸트가 제기한 다양한 논점 가운데, 특히 '초월론적 연역'이 중요하다. 조금 어려워 보이는 표현이지만 의미는 의외로 단순하다. 어렵게 느껴지는 까닭은, '연역(Deduktion)'이란 단어가 원래 '법률에 비추어본 권리의 증명'을 의미하는 법률 용어이기 때문이다. 다시 말해 법률 조문만 전제로 간주한다면, 그에 근거한 '어떠한 권리가 있을까'를 논리적으로 증명할 수 있는 것이다. 칸트는 이러한 용어를 범주에 대입함으로써 범주의 개념 자체에 의거하여 범주의 객관적 타당성이라는 '권리'를 증명하려고 한 것이다. 앞서 서술한 것처럼 범주는 제각각인 감각 정보를 정리해야 하는(종합) 개념이지만, 초월론적 연역은 범주가 그러한 역할을 하는 데 어울린다는 것을 증명한다.

객관적 연역

칸트는 두 종류의 연역을 구별한다. 첫 번째, '객관적 연역'은 불과 두 페이지로 짧게 다루고 있지만, 그에게는 객관적 연역이 보다 본질적이다. 왜냐하면 객관적 연역에서는 범주의 객관적 타당성에 대한 증명이 그곳부터 시작하여 그곳에 도달해야 하는 근본 사실이 부각되기 때문이다. 순서대로 객관적 연역에 관한 의론을 살펴보도록 하자.

우선 칸트에 따르면, 모든 경험은 그곳에서 나타나는 '대상에 대한 개념'을 포함한다. 만약 그 개념 없이 감각 정보만 주어졌다면 단순히 웜뱃의 모습이 보일 뿐, 웜뱃이 '여러 마리' 있다는 이해는 결코 얻을 수 없다. 그러나 실제로 우리가 이 세상에서 무언가를 경험할 때, 그 경험에는 '복수'와 같은 양적인 감각 정보만으로는 얻을 수 없는 '대상에 대한 개념'이 포함되어 있다.

다음, 그로부터 도출된 내용으로, 대상의 인식에 대해 대상이라는 점 자체를 보편적으로 파악하는 개념(범주)이 이른바 세계를 인식할 때의 필터로서 언제나 전제가 된다는 것을 알 수 있다. 예를 들어 '한 묶음(단일성)'이나 '여러 개(수다성)'이다.

마지막으로 이러한 범주를 통해서만 경험이 성립한다면, 본래 범주가 적합하지 않은 경험 등은 처음부터 생각할 수 없으므로 범주는 객관적으로 적합한 것이 된다.

이 의론은 명백히 순환하고 있다. 왜냐하면 '경험에 〈대상에 대한 개념〉을 포함한다'라는 최초의 전제는 '경험 대상으로 개념(범주)이 적합하다'라는 연역의 목표와 실질적으로 같기 때문이다. 칸트는 분명하게 말하지 않지만, 주관적 사고의 질서가 객관적으로 관계한다는 사실을 증명하기 위해 결국 객관이 사고의 질서에 따르고 있다는 사실을 '현재 그렇게 되고 있다'라고 나타낼 수밖에 없다.

주관적 연역

두 번째, '주관적 연역'은 사실을 전제하면서 주관이 어떻게 객관을 자신의 사고 질서에 따르게 하는지 묘사한다. 다시 말해 여기에서는 객관에 타당한 범주를 주관이 어떤 방식으로 사고하고 있는지가 과제가 된다. 칸트는 이를 논하기 위해 객관적 연역보다 주관적 연역에 훨씬 많은 페이지를 할애하고 있으며, 심지어 1781년 제1판과 1787년 제2판에서 내용을 전면적으로 다르게 서술하고 있다. 하이데거 등 적지 않은 철학자가 제1판의 연역을 중시하고 있지만, 이 책에서는 칸트가 스스로 더 우월하다고 생각한 제2판의 연역을 소개한다.

철학사가인 디터 헨리히(1927~)가 강조한 것처럼, 제2판의 연역은 주관의 개념적인 사고 능력(오성)의 근본 의의를 강조하는 한편, 오성에 환원되지 않는 감성의 독립 의의도 보호하는 이원적인 태도를 보인다.[27]

---

27 《칸트 철학의 체계 형식(Die systematische Form der Philosophie Kants)》
(1994) <칸트의 초월론적 연역의 증명 구조>, 디터 헨리히 (한국 미출간)

우선 무언가의 대상을 인식하고 있는 상태를 상상해보기 바란다. 여기에서 다시 웜뱃을 등장시키려고 한다. 예를 들어 여러분은 '웜뱃은 1마리다'나 '웜뱃이 새끼를 품었다'라고 인식한다. 이에 대해 칸트는 이러한 인식 행위에 '나는 생각한다(Ich denke)'라는 의미가 덧붙여졌다고 주장한다. 다시 말해 방금 본 두 가지 인식은, 실제로 '나는 〈웜뱃은 1마리다〉라고 생각한다'와 '나는 〈웜뱃이 새끼를 품었다〉라고 생각한다'라고 바꿔 써야만 한다는 것이다. 그럼 비교적 이해하기 쉬울 것이다. 왜냐하면 '나는 생각한다'라고 말할 수 없다면 여러분은 '인식하고 있는 것은 나 자신이다'라고 이해할 수 없으며, 인식하고 있는지 어떤지를 알지 못하게 되기 때문이다. 관객이 없는 영화관에서는 실제로 영화를 상영하고 있는지 그 누구도 알지 못한다. 그래서 칸트는 '나는 생각한다'라고 이해할 수 있는 것이야말로 인식이 성립하기 위한 근본 전제라고 말한다. 이는 '통각(Apperzeption)'이나 '자기의식'이라고도 한다. '통각'은 일상생활에서 거의 사용하지 않기 때문에 앞으로 이 책에서는 '나는 생각한다'라고 쓰려고 한다.

'나는 생각한다'가 덧붙여지면 다양한 경험이 나의 의식으로 통일된다. 이러한 통일 행위(통각의 종합적 통일)에 대해 더욱 자세하게 살펴보자. 반복해서 말하지만, 칸트는 오성과 감성을 구분하고, 수용적 감각 능력인 감성에 공간과 시간의 선천적인 형식을 인정했다. 우리는 '머리'나 '발' 등 여러 부분에서 다양하게 감각의 내용을 받을 수 있는데, 이 다양한 것은 시간과 공간의 형식으로 정리되는 것이다. 칸트는 바로 이 점에 착목했다. 그때그때의 우연한 감각 내용에 범주가 타당하다는 사실은 절대로 증명할 수 없다. 그러나 아무리 다양하다고 해도, 감각은 시간과 공간의 형식으로 정리된다는 점에서 '통일되는 것'이라는 의미를 나타낸다. 이때 통일은 감각 경험 자체로 나타나는 것이며, 외부로부터 '통일'이라는 개념을 강요당한 것은 아니다. 하지만 통일성을 이해하기 위해서는 감각 경험만으로는 충분하지 않다. 비유하자면, 눈에 보이는 것만으로는 종이에 그려진 검은 선을 '직선'으로 볼 수 없는 것과 같다. 이와 달리 직선을 볼 수 있는 것은 '직선'이 무엇인지 알고 있고, 나아가 그리려고 할 수 있는 사람뿐이다. 마찬가지로 감각 경험의 '통일'을 이해하기 위해 우리는 처음으로 스스로 '통일'의 행위를 수행해야 하는데, 이러한 통일성을 뒷받침할 수 있는 것은 '나는 생각한다'밖에 없다. 칸트는 그렇게 생각했던 것이다. 여기까지 왔으면 그다음은 간단하다. 감각 경험의 통일과 '나는 생각한다'의 통일을 분리할 수 없는 이상, '나는 생각한다' 때의 활동, 다시 말해 사고 능력을 발휘할 때 반드시 사용하는 근본 개념으로서의 범주도 반드시 경험의 대상으로 적합하게 되는 것이다.

정리하자면 주관적 연역은 이러한 순서로 진행된다. (1) 경험은 시간과 공간의 형식으로 통일된다. (2) 그러나 이러한 통일을 이해하기 위해서는 '나' 자신이 경험을 통일하지 않으면 안 된다. 다시 말해 경험은 범주를 사용하는 '나' 없이는 성립할 수 없다. (3) 그러므로 '나'가 사용하는 범주는 경험의 대상으로 타당하다.

아리스토텔레스와 칸트 범주론의 근본적 차이

여기에서 아리스토텔레스와 칸트의 범주론의 근본적인 차이가 두드러진다. 앞서 본 것처럼 아리스토텔레스에게 범주는 사상의 내적 구조이며, 그 구조는 '현실태', 즉 사상이 현실에 주어지는 것을 근본 개념으로 한다. 반면 칸트는 아리스토텔레스와는 반대다. 다시 말해 방금 확인한 것처럼, 칸트의 범주는 '나'가 관계할 수 있는 가능성의 확장으로서의 경험에 대해 말하고 있으며, 그래서 현실성이 아닌 가능성을 근본 기반으로 한다. 칸트는 이 가능성의 확장을 '가능적 경험'이라고 부르고 다음과 같은 말을 했다.[28]

---

28 《순수 이성 비판(Critique of Pure Reason)》(1908), 임마누엘 칸트

가능적 경험과의 이러한 근원적 관계가 없다면, 객관적 인식과의 관계는 절대 이해되지 않는다. 인식의 모든 대상은 가능적 경험을 통해 나타난다.

경험을 통일하는 '나'가 관계하는 범위에서 선천적인 시간과 공간의 형식을 갖추고, 그다음에 범주가 해당하는 경험의 장, 즉 가능적 경험이 펼쳐진다. 이 '가능성'은 아리스토텔레스와는 반대로 '현실성'이나 '필연성'보다도 근원적이다. 왜냐하면 '나'가 관계하는 가능성이 확장하지 않는다면, 범주의 적용 대상이 각 경우에 현실에 있다는 것도, 모든 경우에 반드시 성립한다는 것도 생각할 수 없기 때문이다. 이렇게 칸트는 주관과 상관하는 가능성의 장에서 '존재'의 질문에 대답했다. 그리고 '나'가 관련하는 가능성의 범위에서 철학적 질문의 대답인 범주는 확실한 대답이 된 것이다.

'경험의 장'의 성립

칸트는 인식론적 범주의 확실함을 확보하는 과제가 초월론적 연역과 그에 이어지는 몇 가지 논점에서 충분히 이루어질 것이라고 생각했다. 그러나 그는 거기에서 멈추지 않고 《순수 이성 비판》을 계속해서 써내려갔다. 마지막으로 《순수 이성 비판》에서 주요한 부분인 '초월론적 변증론'

을 간략하게 소개한다. 미리 살짝 언급하자면, 이 부분에서 일단 확보된 범주의 확실성에 대한 '발바닥'과 같은 불확실성이 칸트 철학에서 독립적인 형태로 떠오른다.

반복해서 말하지만, '나는 〈저 집이 크다〉라고 생각한다' 혹은 '나는 〈유리창이 깨진 이유는 돌에 맞았기 때문이다〉라고 생각한다'라는 식으로 우리가 인식에 의해 관여할 수 있는 모든 경험(가능적 경험)에 대해, 범주는 대상으로 매우 적합하다. 주관과 관계만 하면 되기 때문에 연관될 수 있는 경험의 장은 자연과학을 둘러싼 대부분의 모든 사항(웜뱃이든 블랙홀이든)을 포함한다. 그러나 여기에서 의문이 발생한다. 경험의 장 안에서 나타나는 대상은 그렇다고 해도, 우리는 경험의 장 자체에 대해 어떻게 생각해야 할까? 각각의 사물을 볼 수는 있지만, 사물이 그곳에서 보이는 장소는 보일 것인가? 칸트의 초월론적 변증론은 이러한 질문에 몰두한다. 여기에서의 주제는 '영혼(나)'과 '세계'와 '신'이다.

이 세 가지를 논의하는 이유를 생각해보자. 가능적 경험이란 '나'가 관계하는 가능성의 장소를 말한다. 이런 경험의 장 자체의 성립을 해명하기 위해서는 무엇이 필요할까?

첫 번째로 '관계를 맺을' 가능성을 담당하는 '나(영혼)'가 문제가 된다. 이는 '오류 추리(Paralogismus)'라는 장에서 다루고 있다. 두 번째로 경험의 장 자체의 성립이 다가올 때, 예상치 못한 실패에 대비하여 '나'가 관계할 수 있는 전체적인 장을 파악해야 한다. 이를 위해 현재뿐만 아니라 현재 배경인 과거로 거슬러 올라가 경험의 모든 계열, 즉 '세계'를 논할 필요가 있다. 이는 '이율배반(Antinomie)'이라는 장에서 다루어진다. 마지막으로 장 자체의 성립이란 결국 장 자체가 성립한다는 사실이므로, 그 사실을 설명해주는 세계의 근거로서의 '신'에 대해 이야기해야 한다. 이는 '순수 이성의 이상(Ideal)'이라는 장에서 설명하고 있다.

칸트에 따르면 세 가지는 모두 인간이 인식할 수 없다. 왜냐하면 무언가를 인식하기 위해서는 그것을 느껴야만 하는데, 영혼도, 세계도, 신도 눈으로 보거나 손으로 만질 수 없기 때문이다. 그러나 칸트는 단순히 이러한 주제에 대해 소극적으로 부정하지 않는다. 반대로 인식을 뛰어넘는 파악하기 어려움을 강조함으로써 '있다'에 대한 대답을 추구하는 철학의 운명을 제시하는 것이 바로 그의 안목이다. 이러한 사정을 '규제적 이념(regulative Idee)'이라는 '세계'와 관련된 개념으로 확인해보자.

정육면체의 모든 면을 동시에 보다

칸트는 '세계(경험의 모든 계열)'를 파악하기 위해 후건에서 전건으로 거슬러 올라가는 '후퇴 방법'을 사용한다. 예를 들어 눈앞에 웜뱃이 있다면, 그전에는 부모가, 더 이전에는 진화 상 최초의 웜뱃이, 더욱더 거슬러 올라가면 생명의 탄생이나 우주의 기원도 있을 것이다. 이렇게 계속 앞으로 나아간다면 언젠가 최후 지점에 도달할 수 있을까? 절대로 불가능하다. 왜냐하면 빅뱅 등 아무리 원초적인 조건으로 거슬러 올라가도 '그에 선행하는 것은 없는가'를 생각할 수 있으므로, 계속 거슬러 올라갈 가능성이 아직 남아 있기 때문이다. 그러므로 '세계'는 각각의 대상과 달리 '이것'이라고 가리키는 객관이 될 수 없다. 하지만 조금 전의 사례에서 본 것처럼 결코 도달할 수 없어도, 경험의 모든 계열을 포용하려는 시도는 가능하다. 그래서 칸트는 '세계'를 그에 비추어 모든 경험이 하나로 합쳐질 수 있지만 그 자체에는 실체가 없고 무한히 거슬러 올라가도록 요구만 하는 '규칙'으로 받아들여, 그것을 '규제적 이념'이라고 불렀다.

후설의 사례를 빌려 '이념'이라는 발상에 대해 살펴보자. 무엇이든 괜찮으니 입체 도형을 상상해보기 바란다. 우리는 언제나 나무상자의 옆면과 윗면처럼 특정한 측면에서 도형을 보고 있다. 우리는 한 번에 하나의 시점에만 설 수 있기 때문에 모든 측면을 동시에 볼 수 없다. 몸을 움직여 새로운 측면을 차례차례 볼 수는 있지만, 시각은 무한하게 나누어지기 때문에 아무리 몸을 돌려 본다고 하더라도 모든 측면을 다 볼 수는 없다. 입체 도형의 모든 측면은 절대 보이지 않는 것이다. 그러나 당연하게도 눈앞의 나무상자나 책상은 하나의 물건으로서 현재 거기에 있다. 수없이 많은 측면이 있어도 그들의 모든 측면이 하나의 입체 도형에 속한다. 애초에 측면은 전체에 귀속되지 않으면 '측면'이라는 의미를 잃고 만다. 그러므로 측면밖에 보이지 않아도 전체는 언제나 전제가 되는 것이다.

칸트의 '이념'도 마찬가지다. 경험의 모든 계열인 '세계'는 우리가 언제나 한가운데에 서 있다는 전제지만, 그에 절대 도달할 수 없다. 이런 부분에서 아리스토텔레스와는 다른 방식으로 범주의 이야기가 나오는 장 자체가 그 이야기로부터 달아나버리는 경우가 나타난다. 칸트는 '질문'에 넘어가버린 이성의 이런 운명 같은 불확실성에 대해 다음과 같이 표현하고 있다.[29]

인간의 이성은, 그 인식의 종류에 따라 질문(Frage)에 괴롭힘을 당하는 특별한 운명에 있다. 이성의 자연 본성에 의해 질문이 부여되는 것이므로 이성은 그 질문을 거부할 수 없으며, 그에 대한 대답 또한 불가능하다. 왜냐하면 그 질문은 인간 이성의 모든 능력을 초월하기 때문이다.

---

29 《순수 이성 비판(Critique of Pure Reason)》(1908), 임마누엘 칸트

인간이 좌절할 때 '있다'는 모습을 드러낸다

이번 장에서는 '있다'에 대한 질문의 기본 논점인 존재, 신, 범주에 대해 살펴보고 있다. 여기에서 다루는 것은 우리가 살고 있는 현실의 근본 기반과, 그것을 표현하려는 우리 언어의 가능성이다. 철학 그리고 아마 종교나 예술도 모든 사물, 모든 사람들과의 연결로 인간이 살아가는 현실의 기반을 명확하게 하는 것을 목표로 한다. 그런 목표를 가지고 있는 이상, 그것은 인간이 얻을 수 있는 확실성을 향한 궁극적인 희망이다.

니체의 질문

그렇지만 그 최종 지점에서 인간은 존재와 신을 언어로 표현하려고 하며 결국 언어 자체의 불확실성을 드러낸다. 그리고 아이러니하게도 인간이 좌절하는 그 순간, 그제야 본래 찾아 헤매던 사항이나 모든 실재의 근본적인 사실은 자신을 가리킨다.

이제 제1장에서 말한 '질문'과 '사상'의 관계를 떠올려보기 바란다. 서로 물음을 주고받는 대화로서의 '질문'에서는 모든 철학적 '사상'이 의심받아야 하는 불확실한 것으로서 '보이게' 되는 것이었다. 이는 무엇보다 일단 이번 장의 내용과 꼭 들어맞는다. 다시 말해 궁극적인 근본을 추구하는 인간의 언어인 좌절이야말로, 너무나 명백하여 오히려 가장 불확실한 존재와 신을 그것으로서 '보이게 하는 것'이다. 그런 의미에서 존재나 신은 질문하는 인간을 전제하고 있다.

　삶의 가장 깊은 곳에서 질문으로 고통받는 인간의 이러한 모습을, 니체는 저서 《즐거운 지식》에서 매우 훌륭한 에피소드로 그려냈다. 이 책에서는 깜깜한 밤에 찾아온 악마가 등장한다. 악마는 우리가 지금까지의 인생을 무한히 반복해야만 하고, 세계의 모든 것은 영원히 같은 것으로 회귀한다고 속삭인다. 세계가 같은 모습으로 그대로 영원히 회귀한다는 것은 이 세상에 진보는 전혀 없고, 목표해야 할 의미도 목적도 없다는 뜻이다. 니체는 이렇게 니힐리즘에 직면하게 된 인간에게 다음과 같이 자문한다.[30]

　'그대는 이것을 다시 한 번, 아니 수없이 많이 원하는가'라는 질문(Frage-저자 주)이 가장 큰 걸림돌이 되어 당신의 행위

30　《즐거운 지식(Die fröhliche Wissenschaft)》(1882), 프리드리히 니체

를 방해할 것이다!

　니체는 이 질문에 대해 그런 현실을 사랑하고 받아들여야 한다는 것을 시사한다. 그렇지만 어떠한 의미도 없는 현실을 사랑하기 위해서는 그보다 먼저, 살아가야 하는지, 그렇지 않은지 불확실한 세계의 영원 회귀에 직면하고, '자신은 그것을 의지하는가?'라고 자문해야만 한다. 의지하지 않을 가능성도 염두에 두고 이렇게 질문을 던지지 않는다면, 진심으로 운명을 사랑할 수 없기 때문이다. 그래서 범주를 비판한 니체 자신이 인간 존재의 바탕으로 '질문'을 보고 있다. 이를 생각하는 사람은 철학자나 종교가, 또는 예술가밖에 없을지도 모른다. 그렇지만 '있다'의 수수께끼에 홀려 그에 대해 질문하는 것은 어떠한 인간에게도, 그 현실의 바탕에 깊이 새겨진 가능성이라고 할 수 있다.

제3장

'실재'에 대한 관심

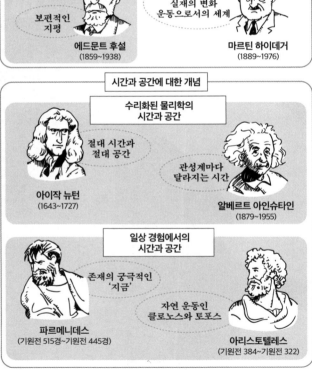

'실재'를 둘러싼 이야기 (제3장의 주요 등장인물)

세계에 대한 개념

통제적 이념

임마누엘 칸트
(1724~1804)

보편적인 지평

에드문트 후설
(1859~1938)

비판

비판

(비판을 뛰어넘는)
실재의 변화
운동으로서의 세계

마르틴 하이데거
(1889~1976)

시간과 공간에 대한 개념

수리화된 물리학의
시간과 공간

절대 시간과
절대 공간

아이작 뉴턴
(1643~1727)

관성계마다
달라지는 시간

알베르트 아인슈타인
(1879~1955)

일상 경험에서의
시간과 공간

존재의 궁극적인
'지금'

파르메니데스
(기원전 515경~기원전 445경)

자연 운동인
클로노스와 토포스

아리스토텔레스
(기원전 384~기원전 322)

다원적 실재론

의미장의 실재론
세계는 존재하지 않는다.

마르쿠스 가브리엘
(1980~)

휴버트 드레이퍼스
(1929~2017)

실재관의 변화

고대 그리스	코스모스
중세	창조자(신)와 피조물
근세	

자연과
정신

데카르트
(1596~1650)

신

영향   영향

모나드

스피노자
(1632~1677)

고트프리트 라이프니츠
(1646~1716)

19세기 이후	자연과학의 엄청난 발전
현대의 주류	물리적 실재가 문화적 실재(책상)를 기초로 한다.

'가치'의 개념에 따른
실재의 해석
21세기에도 비슷한 시도

하인리히 리케르트
(1863~1936)

실재를 둘러싼 근본 문제

　지금까지 〈있다〉란 무엇인가'라는 질문에 대해 생각했다. 이제는 '있는 것', 다시 말해 '웜뱃이 있다'나 '셜록 홈스가 있다' 등과 같이 '있다'에 대해 말할 수 있는 실재를 검토하려고 한다. 여기에서는 '어떠한 것이 〈있는가〉'라는 질문을 던진다. 논하는 사람에 따라 다양한 견해가 있지만, 이번 장에서는 어떠한 의미든 '있다'라고 말할 수 있는 것을 폭넓게 '실재'라고 부르기로 한다.

실재의 일상적인 다원성

　일상생활에서는 여러 가지에 대해 '있다'라고 말한다. 집에서 사용하는 책상이나 머그컵이 '있으며', 과학자가 연구하는 은하나 원자도 '있다'. 동화 속 곰이나 삼각형도 '있다'라고 말한다. 물론 이러한 '있다'는 의미가 다르다.

　책상이나 은하는 눈으로 볼 수 있는 감각적 사물이다. 그러나 책상에는 '작성하기 위함'이라는 사용 목적이 있지만,

은하의 존재는 인간의 생활과 전혀 관계가 없다. 다시 말해 책상과 은하는 각각 다른 의미로 '있다'고 할 수 있다. 또한 이전 장에서 보았듯 동화 속 곰은 픽션 구조에 '있으며', 삼각형 또한 기하학의 정의에 의해 '있다'라고 표현한다.

책상은 '있다'라고 말할 수 있는가?

하지만 이런 포괄적인 실재관에 반론이 있을 법도 하다. 니체에 따르면 정말 실재하는 것은 자연과학의 연구 대상밖에 없으며, 그렇지 않은 인간의 마음속이나 책상의 사용 목적 등은 부수적으로만 실재하거나 애초에 실재하지 않는다. 이런 입장을 문자 그대로 받아들이면, 자연과학을 전혀 모르는 사람은 자신이 알고 있는 세계를 피상적으로만 이해한다는 말이다. 왜냐하면 책상도 머그컵도 실제로는 그저 물질에 지나지 않으며, 동화 속 곰은 〈문자〉라는 잉크의 각인이 인간의 뇌 안에서 일어나는 신경 활동에 부속하는 무언가'에 불과하기 때문이다. 이는 굉장히 무미건조한 사고방식일지도 모르지만 나름대로의 설득력을 갖는다. 실제로 물질은 '책상'과 같은 인간적 의미를 갖지 않아도 존재할 수 있지만, 반대로 물질이 존재할 수 없다면 '책상'은 명백히 존재하지 않는 것처럼 생각된다. 이렇게 되면 존재의 순서에서 선행하는 물질이 비로소 진정한 의미에서 실재하는 것이라고 말하고 싶어진다. 현대 독일의 뛰어난 철학자 마르쿠스 가브리엘(1980~)은 이러한 입장을 '자연주의(naturalism)'라고 부르는데, 자연주의도 굉장히 다양하기 때문에 '환원주의(reductionism)'라는 좁은 의미의 표현이 무난할 것이다. 그렇다면 '있다'라고 말할 수 있는 것, 다시 말해 실재는 정말로 자연과학 의미에서의 자연뿐인 것일까?

오리와 토끼의 착시 그림을 볼 때

이를 생각하기 위해 실재가 물질로서, 또는 책상이나 동화 속 곰, 삼각형이나 그 외의 다양한 것으로서 있다는 것 자체에 주목해보자. '어떤 것이 이러이러한 것으로서 있다'란 애초에 무엇을 의미할까?

<도표 4> 오리와 토끼의 착시 그림

단순한 사례로 비트겐슈타인의《철학적 탐구》에 나오는 오리와 토끼의 착시 그림(도표 4)을 생각해보자. 이 그림은 두 개의 기다란 부분을 부리로 보면 '오리'가 되고, 귀로 보면 '토끼'가 된다. 오리로 보는 동안에는 토끼가 보이지 않고, 토끼로 보는 동안에는 오리가 보이지 않는다. 이처럼 무언가가 어떤 것으로서 나타나는 형태를 비트겐슈타인은 '상(aspect, 相)'이라고 부른다. 그리고 중요한 것은, 상(aspect)이 같은 도형에 대해 '이것은 토끼다' 혹은 '이것은 오리다'라는 주관적인 표현뿐만이 아니라, 실재 자체의 존재 방식이 그곳에 나타나 있다는 점이다. 다르게 말하면 〈도표 4〉를 보고 오리나 토끼가 보인다면, 우리는 오리나 토끼의 심리적 이미지를 보는 것이 아니라 오리나 토끼 자체를 보고 있는 것이다.

물론 오리와 토끼의 착시 그림 자체는 굉장히 독특한 그림에 불과하다. 그러나 이는 '어떤 것이 이러이러한 것으로 있다', 다시 말해 '무언가가 의미를 갖고 존재한다'라는 근본적인 상태를 부각시켜준다. 실제로 자연과학이 연구하는 물질이나 책상, 그 이외의 어떤 것이든 그것을 '있다'라고 말하기 위해서는 우선 그러한 것으로서 나타나야만 한다.

나타나는 방식은 시각뿐만이 아니라, '물질'을 둘러싼 과학자의 실험, 심지어는 사람이 없는 우주에 그저 있는 것 등 다양하다. 다만 어느 쪽이든 아무리 객관적인 것(자연과학에서의 '물질' 등)이라도 '객관적인 것으로' 나타나지 않는다면 존재한다고 말할 수 없다. 강조해서 말하자면, 그런 점에서 물질이나 동화 속 곰도 동일하다. 그리고 비슷한 시기의 후설이나 하이데거도, '~로서(als)'라는 동일한 표현을 사용하며, 비트겐슈타인과 같은 발상을 갖고 있었다.

의미장

그렇다면 〈도표 4〉가 오리나 토끼로서 나타날 때, 무슨 일이 일어나고 있는 것일까?

여기에서 나타나는 방식을 두 가지 위상으로 나눌 수 있으므로 각 방식에 대해 알아보도록 하자. 첫 번째로 인식의 순서에서 선행하는 위상으로서 '오리나 토끼의 표현 방식'의 수많은 묶음이 있다. 앞에서 길게 튀어나온 부분이 부리라면 오리로, 귀라면 토끼로 나타난다고 말했다. 그렇지만 오리나 토끼를 표현할 수 있는 방법은 그밖에도 많다. 오리는 입이 길지만, 토끼는 입을 오므리고 있다. 오리는 턱이 포동포동하지만, 토끼의 턱은 약간 들어가 있다. 그 외에도 오리나 토끼의 특징을 얼마든지 말할 수 있다. 이때 끝없이 많은 하나하나의 특징을 명시적으로 가리키지 않고, 그들의 전체가 막연하게 '오리 같다'나 '토끼 같다'라는 말로 묶을 수 있다.

두 번째, 존재의 순서에서 선행하는 위상으로서 토끼와 오리가 나타나는 각각의 상황이 있다. 다양한 특징을 '오리 같다', '토끼 같다'라고 말하기 위해서는 애초에 토끼나 오리가 그때그때의 상황에서 나타나야만 한다. 그렇지 않으면 여러 특징을 '~같다'처럼 하나의 표현으로 말할 수 없다. 또한 이 상황을 구성하는 것은 토끼나 오리뿐만이 아니다. 예를 들어 몸을 움직여 먹이를 주거나, 생물학자로서 종(種)을 분류하는 등 우리가 그 상황에 있는 것이다. 게다가 당연한 말이지만, 그 상황은 오리와 토끼, 그리고 우리 자신도 살고 있는 자연적, 역사적인 여러 사물(땅, 동물원 등)로 이루어져 있다. 토끼나 오리가 토끼와 오리로서 나타나는 각각의 상황이 없다면, 다시 한 번 말하지만 토끼나 오리가 토끼와 오리로서 나타날 수 없다. 앞에서 언급한 가브리엘은, 어떤 것이 의미를 갖고 나타나는 그 현장을 '의미장(Sinnfeld)'이라는 신기한 말로 표현했다. 이 책에서는 그의 표현을 빌려 설명하고자 한다. 그렇게 되면, 토끼가 있는 경우, 그것은 토끼의 의미장에서 나타나고, 오리가 있는 경우에는 그것이 오리의 의미장에서 나타난다는 말이 된다.

이는 무엇이 어떤 것으로서 나타나는 모든 것에 적합하다고 할 수 있다. 다시 말해 자연과학의 연구 대상(다종다양하지만)이나 동화 속 곰 등은 각각의 의미장에 놓여 있는 것이다. 조금 헷갈리고 복잡하지만, 자연과학에는 자연과학의, 동화에는 동화의, 그리고 수학에는 수학의 의미장이 있다는 것이다. 또한 다양한 개개인의 생활을 근거로 한다면, 존재자의 의미는 '우리 집 밥그릇' 등 끝없이 다양해지기 때문에 의미장도 굉장히 많다는 말이 된다. 가브리엘이 의미장이라고 부르는 것을 후설이나 하이데거는 '영역(Region)'이라고 부른다. 예를 들어 하이데거는 수학과 생물학의 '영역'에 대한 구조 분석이 여러 학문의 기초에 대한 해명이 된다고 주장한다.

다원적 실재론

이 의미장 개념에 따르면, 앞에서 얘기했던 '실재는 자연과학에서 의미하는 자연밖에 없을까'라는 의문에, 일단 '그렇지 않다'라고 대답해야만 한다. 물론 물리학이 연구하는 물질은 실재하며, 생물학이 연구하는 생물도 실재한다. 하지만 그것들은 '물리학'이나 '생물학'이라는 의미장에서 나타난다. 물론 '물리학'이라는 한 단어로 실제 물리학자들이 마주하는 실재의 현장을 아우를 수 있다는 등 우습게 봐서는 안 되지만, 아무리 복잡하더라도 물리학적 물질의 장을 전제로 한다는 사실에는 변함이 없다.

이는 책상이나 동화 속 곰의 경우에도 동일하게 말할 수 있다. 책상이 나타나는 의미장이란, 예를 들어 책상을 사용하는 습관을 포함하는 일상생활일 것이다. 그 생활의 현장이 전혀 없었다면 책상은 책상으로서 나타나지 않는다. 또한 동화 속 곰이 나타나는 의미장이란, 픽션이라는 특수한 제한(부모가 자녀에게 읽어주는 책 등)에서 동화의 언어가 묘사하는 이야기 상황일 것이다. 이것이 없다면 동화 속 곰 역시 나타날 수 없다. 그렇게 생각하면, 의미장에서 나타난다는('실재'에 대한 가브리엘의 정의) 점에서는 자연과학에서 말하는 자연도, 동화 속 곰도 변하지 않고, 자연을 특별하게 생각하는 이유도 사라진다. 오히려 의미장이 존재하는 만큼 실재의 종류 또한 많다는 사정을 '실재'에 대해서 먼저 인정해야한다. 이러한 입장은 일반적으로 다원적 실재론(plural realism)이라고 부르며, 오늘날에는 휴버트 드레이퍼스(1929~2017)와 찰스 테일러(1931~)가 이에 대해 논하고 있다.[31]

다원적 장의 네트워크

그렇다고 의미장의 다원성만 말하는 것은 환원주의자에게 그다지 설득력을 갖지 못할 수도 있다. 왜냐하면 다른 의미장과의 관계가 아직 불분명하기 때문이다. 방금 전 '자연

---

31 《Retrieving Realism》(2016), 휴버트 드레이퍼스 · 찰스 테일러 (한국 미출간)

과학에서 말하는 물질이 없다면 책상과 같은 문화적 사물도 존재할 수 없다'라는 직감을 언급했다. 분명 물질이 없으면 눈으로 보고 손으로 만질 수 있는 책상이 사라져버릴 것 같은 느낌이 든다. 그래서 '자연과학에서 말하는 물질뿐만이 아니라 책상도 실재한다'라고 말하며 실재의 다원성을 주장해도 약간 공허하게 느껴진다. 필자의 좁은 지식 범위에서 보면 가브리엘은 이 의문에 확실히 대답하지 않는 듯하다.

여기에서는 우선 다양한 의미장이 서로 관계를 맺고 있다는 사정을 확인해야 한다. 그에 따르면 자연과학의 의미장과 책상의 의미장은 분명히 다른 것이지만, 이 둘은 서로 관계를 맺고 네트워크를 만들고 있다. 다원적인 장이 네트워크를 형성하는 것은 실재가 나타날 때의 매우 당연한 존재 방식이다. 예를 들어 책상이 책상으로서 나타나고 있다고 생각해보자. 이때 책상만 나타나는 것은 아니다. 책상 위에는 기하학 교과서나 곰이 등장하는 동화책이 놓여 있다. 책상의 한쪽 면에는 라커로 가구 브랜드의 로고가 그려져 있다. 이때 기하학 교과서에는 삼각형이 삼각형으로서 나타나 있고, 동화 속에는 곰이 곰으로서 나타나 있다. 또한 가구 브랜드의 로고는 라커의 화학 물질이나 쇠붙이의 금속 원소를 이해하는 것으로서 나타나 있다. 당연히 여기에

는 기하학의 의미장, 동화책의 의미장, 자연과학의 의미장
이 전제되어 있다. 그렇다면 책상의 의미장은 그것만으로
독립하고 있는 것이 아니라, 항상 다른 무수히 많은 의미장
과 서로 포개지고, 관계를 맺고, 네트워크를 구성하고 있다
고 생각할 수밖에 없다. 또한 이야기를 확장하면, 지금 나
타나 있는 책상은 실내에 있고, 방도 실내에 있으며, 집은
거리 가운데에 있고, 길은 국가 안에 있으며, 국가는 지구
상에 있고, 지구는 태양계에 있으며, 태양계는 은하계에 있
다……. 이처럼 책상의 의미장이 여러 의미장의 네트워크
에 엮이는 범위는 끝없이 펼쳐진다. 그러나 이 네트워크는
바로 지금 여기에서 나타나는 책상에서 전제로 여겨진다.
다시 말하면 수많은 의미장은 각각의 다원성을 유지한 채,
그때그때의 네트워크에 구성되고, 동시에 단숨에 그곳에
있는 셈이다.

실재 네트워크의 계층성

그렇게 생각하면 '자연과학적인 물질이 바로 실재의 기
초다'라고 주장하는 환원주의자의 주장에 조금은 공감할
수 있다. 대부분의 사람들은 자연과학이 말하는 물질이 실
재하지 않으면 책상이라는 문화적 사물도 실재할 수 없다
는 말에 찬성할 것이다. 그렇다면 책상의 의미장과 자연과

학의 의미장은 '후자 없이는 전자가 성립하지 않는다'라는 기본적인 관계를 맺고 있다고 할 수 있다. 두 가지 의미장은 이렇게 네트워크를 형성하고 있는 것이다. 물론 책상을 학교나 회사, 인류에 대입해도 마찬가지다. 또한 기하학에서 삼각형은 물질이 아니지만, 물질적 기반이 없다면 기하학의 공리 체계를 이해하는 사람이 모두 사라지기 때문에, 결과적으로 물질 없이는 삼각형도 실재하지 않게 될 법하다. 이는 동화 속 곰도 마찬가지다. 이렇게 보면, 우리가 상식적으로 전제로 삼고 있는 의미장의 네트워크 가운데 확실히 자연과학의 의미장이 가장 첫 번째 기초가 된다고 생각하고 싶어진다.

19세기부터 오늘날에 이르는 많은 철학자들이 의미장 사이의 이러한 근본 관계(대부분 자연이 기초로 여겨진다)를 다양한 방식으로 다루어왔다. 예를 들어 다이쇼 시대의 일본 철학에 큰 영향을 준 신칸트주의 철학자 하인리히 리케르트(1863~1936)는 자연과학과 인문사회 계열(역사학, 사회학 등) 여러 학문의 차이를 고찰하고, 인문사회 계열 학문이 문제삼는 실재의 근본 특징을 '가치(Wert)'라고 했다. 예를 들어 책상이라는 실재는, 인간이 책상을 사용하는 목적(가치)과 관계가 있어야만 한다는 것이다. 인간에게 가치가 없다면 역사학이 연구하는 과거의 유품이나 제도도, 사회학이 연구하는 사회의 생산물이나 사회 구조도, 경제학이 연구하는 화폐나 통화도 모두 사라지고 만다. 그에 비해 리케르트는 자연과학이 연구하는 자연은, 인간에게 사용 가치가 있는지 여부와 관계없이 그 자체로 성립한다고 말했다. 그래서 리케르트는 가치와는 무관계한 자연적 실재에 가치가 축적됨에 따라 인문사회학(문화학)이 연구하는 실재가 성립한다고 말한다. 자연이라는 기초 위에 문화가 올라서는 것이다. 이와 같은 구도는 현상학자인 후설에게서도 찾아볼 수 있다. 최근에는 일본의 형이상학자 구라다 쓰요시가 해설하는 것처럼[32] 미국의 철학자 존 설(1932~)이 '제도적 사실(institutional fact)'의 개념으로 자연이라는 '적나라한 사실(brute fact)'과는 다른 사회적 실재의 성립을 설명했다.

실재관의 변화

그렇지만 어째서 자연은 이렇게 실재의 근본 기반으로 여겨지는 것일까? 사실 이는 최근 수백 년 안에 형성된 비교적 새로운 견해다. 철학사가 카를 뢰비트(1897~1973)의 저서 《신과 인간과 세계》(한국 미출간)에 등장하는 유명한 약식도를 참고하여 실재관의 변화를 간단하게 확인해보자(도표 5).

---

32 참조: 《일상 세계를 철학하다》(2019), 구라다 쓰요시 (한국 미출간)

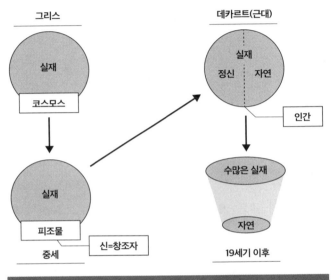

뢰비트는, 고대 그리스에서는 좁은 의미의 자연을 포함한 다양한 종류의 실재를 하나로 묶어 '코스모스(세계)'라고 불렀다고 말한다. 그에 따르면 천체나 식물, 포물선을 그리는 쇠구슬, 책상 등이 모두 '코스모스'다.

여기에서도 자연물과 인공물을 구별하는 등 실재의 대략적인 구분이 시행되었다. 그러나 이전 장에서 아리스토텔레스의 실체 개념에 대해 이야기했듯 어떠한 실재든 각각 무엇으로서 실재하는가의 '본질'을 가졌다는 점에서 다르지 않다. 이런 입장에서는 금속 등 특정한 실재를 특권화하여 모든 실재의 기반에 놓는 것은 불가능하다. 예를 들어 아리스토텔레스에게 책상이 책상으로서 실재하는 것은, 그것이 책상이라는 '본질'을 갖기 때문이다. 그에 비해 책상을 형성하는 목재나 금속은 어디까지나 소재(질료)이고, 책상과의 관계에서 분리되면 그저 유기물이나 철에 불과하다. 물론 유기물이나 철에도 그 자체의 본질은 있지만 거기에 '책상의 존재에 대한 기반'이라는 의미는 없다. 그렇다면 결국 책상처럼 무언가'로서' 실재해야 하는 것(실체)은 다른 종류의 실재에 기초가 마련되기 전에, 처음으로 그 자체로 인식되어야 하는 것이다. 이런 것을 통틀어 막연하게 '코스모스'라고 부르는 것이다.

그러나 그 후 뢰비트는 신의 세계 창조를 설명하는 그리스도교가 등장함으로써 근현대로 이어지는 대전환이 일어났다고 생각했다. 이전 장에서 확인했듯, 그리스도교와 중세 철학은 신이 무(無)에서 세계를 만들어냈다는 창조설을 주장했다. 그로써 신이 창조자가 되는 한편, 독립한 실재였던 코스모스는 피조물이라는 종속적 위치에 놓이게 되었다. 다양한 실재는 혼자만으로는 존재할 수 없고, 신이 설계하여 실제로 존재하게 함으로써 처음 실재할 수 있기 때문이다.

나아가 근대 철학의 출발점이 되는 데카르트는 신의 위치(설계자, 창작자)에 인간을 앉히고, 모든 실재를 정신과 자연, 두 가지로 새롭게 나누었다. 그에 따르면 정신의 외적 자연은 의미도 목적도 갖지 않는 기계인 데 반해, 인간은 스스로의 정신으로 자연 법칙의 질서를 인식하고 자신의 목적을 위해 자연을 바꾸어 만들어가는 존재자가 된다. 다시 말해 자연이 '자연 법칙의 담당자'로서만 실재하는 한편, 그것 이외의 실재(책상, 사회 등)는 정신이라는 실재에 종속되어 '주관적'인 것으로서 자리하게 되는 것이다. 이는 '인간이 주관적인 가치관을 투입함으로써 그 자체는 무의미한 자연에도 가치가 부여된다'라는 오늘날에도 흔히 볼 수 있는 사고방식(사영, projection)으로도 도출할 수 있다. 이렇듯 정신과 자연을 두 가지로 나눈 것을 흔히 '데카르트의 이원론'이라고 부른다.

자연과학의 발전과 함께

실재의 근본 기반을 자연과학적인 자연에서 찾는 현대의 환원주의는, 데카르트의 이원론의 불균형(의미장의 네트워크의 애매함)에 대한 하나의 귀결이라고 여겨진다.

우선 데카르트 입장에서 생각해보면, 자연과는 전혀 다른 우리의 정신이, 명백하게 자연의 일부인 우리 신체를 어떻게 움직이는지 알 수 없다. 실제로 전혀 물질적이지 않은 우리의 사고가, 물질적인 팔에 영향을 줄 수 있다고는 생각하지 않는다. 이러한 의문을 '심신 문제'라고 부르는데, 정신과 자연을 이분법적으로 나누는 이상 결국 이렇게 도출되고 만다.

그에 비해 라이프니츠나 스피노자 등 후기 합리주의 철학자는 데카르트의 이분법과는 달리, 무수히 많은 종류가 있는 실재로서의 '모나드'나, 그와 정반대로 유일한 실재로 여겨지는 '신'의 개념에 의해 데카르트의 이원론이 가진 불균형성을 다시 한 번 통일적인 실재 개념으로 정리하려고 시도했다. 정신만이 실재라고 생각하는 '유심론(spiritualism)'도, 자연만을 실재라고 여기는 '유물론(materialism)'도 이러한 시대의 문맥에 자리를 잡았다.

하지만 시간이 흐른 19세기 이후, 현대로 이어지는 실증적인 자연과학의 비약적 발전과 함께, 자연과학이야말로 실재를 이해하는 특권적 수단이라는 막연한 신념이 서서히 확장되었다. 이러한 시대의 흐름 속에서 자연과학의 의미 장이 수많은 장의 네트워크의 기반으로서 지위를 확립해갔다고 할 수 있다.

이러한 역사를 근거로 생각하면, '자연이 바로 실재의 기초다'라는 주장은 부정하기 어렵다는 생각이 든다. 만약 극단적인 환원주의자처럼 '자연만이 실재다'라고까지 말하지는 않더라도, '자연과학이 말하는 자연 없이는 책상과 같은 문화적 실재도, 그 이외의 어떠한 실재도 성립하지 않는다'라는 보다 유연한 자연의 우위는 지극히 당연하게 전제로 여겨질 법하다. 그럼 이쯤에서 실재를 둘러싼 이야기는 마무리하도록 하자.

흔들리는 의미장의 네트워크

원점으로 돌아와 생각해보자. 애초에 다른 모든 실재의 기초로서 자연을 파악할 수 있는 이유는 실재의 의미장의 네트워크에서 자연과학의 의미장이 가장 기초적이라고 간주되었기 때문이다. '간주된다'라고 말해도, 단순히 마음속으로만 하는 생각이 아니라, 자연과학이 말하는 자연이 바로 그러한 기초적인 것으로서 나타나는 것이다.

그렇지만 무언가로서 나타난다는 것은 과연 어떤 것일까? 앞에서 다루었던 오리와 토끼 착시 그림(도표 4)을 떠올려보기 바란다. 그 그림은 경우에 따라 오리로도, 토끼로도 보인다. 오리로 보일 때는 오리의 그림이 거기에 있고, 토끼로 보일 때는 토끼의 그림이 거기에 있다. 그때마다 오리와 토끼는 다른 것으로서 나타난다. 매번 다른 것이다. 여기에서 알 수 있는 것은, 어떤 것이 무엇으로서 나타나는 것이 그때그때 성립하는 사실이라는 점이다. 그때마다 토끼나 오리로서 나타나는 사실을 뛰어넘었던 부분에는, 토끼나 오리도 존재하지 않는다. 이는 어떤 것이 자연과학적인 자연으로서, 심지어 그 이외의 모든 실재의 기초로서 나타나는 경우에 대해서도 동일하게 말할 수 있다. 다시 말해 현대를 살아가는 우리에게 그때그때 그러한 것으로서 나타날 뿐이다. 어떠한 경우에도 자연이 기초로서 나타나야만 하는 이유는 없다.

이는 제2장에서 살펴본 존재와 신의 문제로 이어진다. 여기에서는 존재를 '무엇이든, 그때마다 실제로 그렇게 성립하고 있다는 사실'이라고 인식한다. 그것은 '의미장의 네트워크가 그때그때 성립하고 있다는 사실'로 바꾸어 말할 수 있다. 한편으로 우리는 언제나 그 사실 위에 서서 그를 전제하는 수밖에 없다. 그러면 자연을 기초로 하는 의미장의 네트워크가 성립하는 한, 필연성이 없는 단순한 사실이지만, 자연과학이 말하는 물질 없이는 그 이외의 실재도 성립하지 않는다.

그러나 다른 측면도 있다. 제2장에서 다룬 신 개념에 따르면 존재의 사실은 그때마다 새롭게 나타나는 성격에 의해, 언뜻 보면 외부 없이 모든 것을 포함하는 '있다'를 한계 짓는 경계선을 그은 것이다. 그로써 존재의 사실은 자신의 내부에서 스스로에게 회수되지 않는 외부성('다름')으로 향해지는 것이었다. 존재의 사실은 언제나 도래하고 언제나 지나가버리는 외부성에 관통되고, 파괴되고 있다. 그에 따라 존재라는 모든 실재가 각각의 방식으로 성립한다는 사실은 언제나 동일하게 머무는 것이 아니라, 다른 것도 있을 수 있는 가능성으로 열리게 된 것이다. 이것은 지금의 문맥에서 자연을 기초로 하는 의미장의 네트워크가, 그렇게 성립하는 현실 자체에서 다른 존재 방식으로 변화할 가능성으로 열려 있다는 것을 의미한다. 현실성 자체의 성격인 이러한 변화 가능성을 20세기 후반의 프랑스를 대표하는 철학자 질 들뢰즈(1925~1995)는, 앙리 베르그손(1859~1941)의 말을 빌려 '잠재성(virtualité)'이라고 불렀다.[33] 다원적 실재는 그때그때 네트워크의 계층 관계에 구성되지만, 그 네트워크는 언제나 흔들리고 있다.

의미장의 네트워크가 변화한다는 것은 의미장 사이의 관계성이 달라진다는 말이다. 앞서 다룬 책상의 사례에서 책상이라는 문화적 실재의 장은 기하학이나 동화, 자연과학 등의 장과 서로 연관이 있었다. 요약하자면 책상 위에 기하학 교과서나 동화책이 놓여 있고, 책상의 측면에 라커로 가구 브랜드의 로고가 그려져 있는 것이다. 이렇게 당연한

---

33 《차이와 반복(Difference and Repetition)》(2007), 질 드뢰즈

일상생활에서도 의미장 네트워크의 변화는 매우 평범하게 일어난다. 예를 들어 책상이라는 문화적 실재가 기하학의 의미장에 놓여 있다면 '3차원 입체'로 나타나며, 동화의 의미장에 놓여 있다면 '곰이 사라지고 책 밖에 있게 된 책상'으로서 나타날 수 있다. 물론 자연과학의 의미장에 놓여 있다면, '유기물과 화학물질과 금속'으로서 나타날 것이다. 삼각형이나 동화 속 곰, 가구 브랜드의 로고를 다른 의미장에 놓을 수 있다는 것은 설명할 필요도 없다. 그렇게 생각하면 다원적인 의미장이 서로 실재를 나타나게 하고, 계속해서 새로운 의미를 만들어낸다는 사실을 알 수 있다. 다시 말해 의미장의 네트워크는 그 안에서 나타나는 실재와 함께 끊임없이 변화해나간다.

후기의 하이데거는 이런 변화의 다이너미즘을 '사방 세계(Geviert)'라는 색다른 용어로 표현했다. 그리고 다음 장에서 다루겠지만, 가브리엘은 모든 의미장을 포용하는 '세계'와 같은 존재를 부정했다. 그러므로 의미장 네트워크의 변화의 다이너미즘은 어떤 장이든 관계없이 그곳에 구성되는 것이다. 그런 의미에서 '세계'라고 불러도 좋지 않을까?

만물을 관통하는 변화 자체로서의 세계

지금부터 이러한 '세계' 개념에 대해 함께 생각해보자. 일상적인 대화에서 말하는 '세계'에는 '자국에서 본 다른 나라들'이라는 의미가 있지만, 이는 지금 다룰 주제가 아니다. 앞으로 이야기할 '세계'는 지금까지 이야기한 실재 개념의 바탕에서 전제로 여겨지는 것, 다시 말해 모든 실재가 그곳에서만 나타나는 근원적인 장을 말한다. 철학의 역사 속에서 '세계' 개념에 대한 다양한 논의가 이루어졌는데, 이 책에서는 실재 개념과의 관계에 주목하여 이야기한다.

세계는 존재하지 않는 것인가

우선, 앞에서 다룬 마르쿠스 가브리엘을 이어서 살펴보자. 그는 베스트셀러가 된 《왜 세계는 존재하지 않는가》(2013)에서 '세계'라는 전통적인 철학 개념이 엄청난 난센스라며 이를 삭제해야 한다고 주장했다.

여기에서 말하는 '세계'란 모든 '의미장'을 포함하는 가장 보편적인 '의미장'을 말한다. 앞의 사례에서 책상은 문화의 장에 있고, 화학물질은 자연과학의 장에 있으며, 그리고 동화 속 곰은 픽션의 장에 나타나는 것이었다. 그에 비해 '세계'는 생각할 수 있는 범위의 모든 것을 포함하기에, 책상이나 화학물질, 곰 등은 모두 세계에 있는 것이며, 그렇기 때문에 각 의미장도 '세계'의 일부가 된다. 그래서 가브리엘은 '세계'를 '모든 의미장의 장'이라고 불렀다. 모든 우주를 다 담아버리는 매우 거대한 봉지와 같은 이미지를 상상하면 된다.

그러나 가브리엘은 그런 것이 존재하지 않는다고 강력하게 호소한다. 가브리엘에게 '존재하다'란 '어떤 의미장에서 나타나는' 것을 의미한다. 예를 들어 '책상이 존재한다'는 책상이 해당 의미장에 나타난다는 말이다. 그렇다면 이 기준을 '세계'에 적용할 수 있을까? 다시 말해 '세계'를 표현할 수 있는 의미장이 존재할까? 그런 것은 결코 존재하지 않는다. 왜냐하면 '모든 의미장의 장'인 이상, 그 자체는 어떤 장에도 놓을 수 없기 때문이다. 그래서 정의에 따라 '세계'에 대해 '존재'를 말할 수 없다는 것이다. 이것이 가브리엘의 의론이다.

가브리엘은 이렇게 실제로 존재하지 않는 '세계'의 유사 개념이 2000년 이상 서양 철학사를 지배하고 있다고 말하는데, 이 점은 의론의 여지가 있을 수 있다. 그렇다고 하더라도 대략적으로 보면 가브리엘이 부정하는 세계 개념을 지지하는 철학자가 있다는 것도 분명하다. 예를 들어 제2장에서 다룬 것처럼 칸트는 '세계'를 경험의 모든 계열로 규정했다. 칸트는 이런 '세계'에는 실체가 없으며, 실제로 인식되는 것이 결코 없다는 점을 강조했다. 그러나 전체로서의 세계를 말한다는 점에서 가브리엘의 비판은 적절하다. 또한 20세기의 후설도 의미장에 상응하는 '지평(Horizont)' 개념을 도입한 다음, 모든 지평의 지평인 '보편적인 지평'으로서 '세계'를 파악했다.

세계=실재의 변화 그 자체

가브리엘의 주장은 매우 중요하다. 그렇지만 이 견해에는 아직 개선의 여지가 있을 법하다.

확실히 '모든 의미장의 장'으로서의 '세계'가 존재하지 않는다는 주장은 설득력이 있다. 하지만 그렇다고 '의미장이 무수히 있다'라는 것만 확인하는 것은 충분하지 않다. 왜냐하면 앞에서 확인했듯이 수많은 의미장은 서로 네트워크를 형성하고 있으며, 심지어 그 네트워크는 크든 작든 언제나 변화하고 있기 때문이다. 이런 네트워크의 변화의 다이너미즘은 어떠한 장도 그때그때, 그 한가운데에 놓여 있는 것이다. 그러면 수많은 각각의 장이 거기에서 성립하는 것, 다시 말해 '세계'로서 변화 자체를 파악할 수 있지 않을까?

이런 방향으로 생각하는 경우, 장의 네트워크 변화가 각 의미장을 아우르는 거대한 '장'이 아니라는 점에 가장 주의해야 한다. 네트워크는 어디까지나 각각의 장으로 구성되는 것일 뿐, 의미장과 크게 다르지 않다. 그러므로 네트워크 변화에 대해 모든 실재가 나타난다고 하더라도, 네트워크와 각각 개별적인 장의 내용은 다르지 않다. 다시 말해 책상과 '책상의 장'(책상을 사용하는 인간과 환경 등)을 구별하듯, 개별적인 장과 '개별적인 장이 거기에서 나타나는 장'은 구별되지 않는다.

하지만 그렇다고 해서 '세계'에 대한 관념이 전혀 필요 없어지는 것은 아니다. 장의 네트워크가 변화하는 모습을 떠올려보도록 하자. 책상은 문화적 실재의 장에 놓여 있을 뿐만 아니라, 픽션이나 기하학, 자연과학의 장에도 놓을 수 있다. 물론 동화 속 곰이나 금속 원소도 문화적 실재나 기하학의 장에 놓을 수 있다. 이렇게 여러 의미장이 망원경처럼 서로를 비추면서 장의 네트워크는 끊임없이 변화하고, 그때마다 새로운 의미를 만들어낸다. 그리고 이러한 의미의 생성 운동은 각각의 장에 대해 매우 흥미로운 관계를 가지고 있다. 말이 살짝 길어졌지만, 생성 운동(변화의 다이너미즘)은 개별적인 장으로부터 독립하여 존재하는 것이 아니다. 그런 점에서 가브리엘의 비판이 매우 적절하다. 하지만 새로운 의미를 만들어내는 네트워크의, 언제나 '다른 것도 있을 수 있는' 변화 가능성(잠재성)에는, 개별적인 장으로만 설명할 수 없는 새로움이 있다. 이는 의미장이 네트워크를 만듦으로써 생기는 새로움이다. 개별적인 장이란 다른 것으로 지명할 수 없음에도, 모든 장과 모든 실재는 그 새로움으로 관통되어 있다. 그렇게 보면 가브리엘의 비판을 뛰어넘는 방식으로, '세계'에 대한 개념을 다시 한 번 생각할 수 있다.

후기 하이데거는 앞에서 언급한 '사방 세계(Geviert)'라는 독특한 용어를 통해 이러한 세계 개념을 내세웠다. 그는 1950년에 열린 〈물〉이라는 강연에서, 손잡이가 달린 큰 맥주잔이라는 일상생활 물건을 예로 들어 실재와 '세계'의 관계를 고찰했다.

처음에 하이데거는 맥주잔이 맥주잔으로서 나타나기 위한 전제로, 맥주잔을 사용하는 상황 자체('따르는 동작의 집약')를 들었다. 이는 가브리엘이 말하는 '의미장'에 해당한다. 게다가 맥주잔이나 맥주뿐만이 아니라, 맥주잔의 소재인 도토(도자기 원료로 쓰는 진흙-옮긴이)를 얻을 수 있는 산, 맥주의 원료인 물을 얻을 수 있는 지하수나 비구름, 보리를 얻을 수 있는 밭 등이 실재다. 여기에서 하이데거는 맥주 잔이 지하수나 비구름 등의 다른 실재에 관계되는 모습을 묘사하고, 수많은 실재의 연결에 전제가 되는 '세계(사방 세계)' 개념을 제시했다. 또한 니시다 기타로의 후기 철학에서는 '변증법적 일반자'라는 표현으로 무수히 많은 실재가 서로 관계하고 새로운 질서를 만드는 다이너미즘을 '세계'로서 받아들이는 입장을 강조한다.

네트워크의 형성과 해체

그렇다면 '실재의 변화'로 파악한다면 세계 개념은 어떻게 규정할 수 있을까? 변화하는 이상, 미리 정해진 질서나 형식은 존재하지 않는다. 하지만 '다른 방식으로 바뀌는 것'이라는 그 자체의 성립은 생각할 수 있다. 그로부터 세계의 성격을 이끌어낼 수 있다.

의미장 네트워크가 변화할 때, 책상이 기하학의 장에 나타나거나 금속 원소가 문화적 실재의 장에 나타난다. 여기에서 두 가지 사실을 알 수 있다. 첫째, 실재가 변화할 때, 실재는 지금과는 다른 새로운 장에 나타난다. 즉 지금까지 관계가 없었던 다른 의미장에 새롭게 관계를 맺는 것이다. 둘째, 같은 이야기의 반대 측면으로, 실재는 변화하면서 지금까지의 장에서 일탈한다. 예를 들어 책상이 기하학의 장에 새롭게 관계를 맺을 때, 책상은 문화적 실재의 장에서 멀어진다. 당연한 말이지만, 책상의 모양을 한 입체 도형은 책상이라는 도구는 아닐 것이다. 이로써 실재의 변화로서의 세계에 대해, 의미장 네트워크의 '형성'과 '해체'라는 두 가지 방식을 말할 수 있는 것이다.

이렇게 네트워크의 새로운 형성과 해체는 세계에 독특한 성격을 부여한다.

먼저, 네트워크의 형성 측면에서 생각해보자. 일단 새로운 의미장과 관계를 맺은 것은 각 실재의 모든 네트워크 변화에 뒷받침되는 것이다. 예를 들어 책상이 문화적 실재의 장이 아닌, 기하학이나 그 밖의 다른 장에 새롭게 나타남으로써 의미장의 네트워크는 갱신할 수 있다. 그에 따라 모든 네트워크가 지금까지와는 전혀 달라진다. 그 변화는, 아직 일어나지는 않았지만 언젠가 일어날 수 있는 것이 아닌, 지금 여기의 현실인 실재 자체에 잠재되어 있다. 책상으로서 책상을 사용할 때도 다른 방식으로 나타날 가능성이 책상 자체에 내재되어 있는 것이다.

게다가 모든 네트워크 변화에 뒷받침된다는 것은, 구체적으로 새로운 의미장과 차례차례 관계를 맺고, 네트워크가 거듭 겹쳐진다는 말이다. 예를 들어 기하학의 장으로 이동된 책상은 다음에는 동화의 장으로 옮겨질 수 있으며, 어쩌면 경제학의 장에 가게 될지도 모른다. 한 번 동화의 장에 나타나면 그 의미는 사라지지 않고, 새로운 장에서 '동화의 장에 있었지만, 지금은 경제학의 장에 있는 책상'이라고 덧붙여진 의미를 갖게 되는 것이다. 다시 말해 뒤로 되돌아갈 수 없는 방식으로 돌이킬 수 없음인 것이다. 각 실재는 세계의 한가운데에 있으며, 한순간도 똑같이 머무르지 않고, 좋든 싫든 다른 것이 된다. 이런 덧없는 변화가 수많은 실재를 관통하는 세계의 성격이다.

다음으로 네트워크의 해체 측면을 살펴보자. 지금까지 놓여 있던 의미장을 탈피한다는 것은 각 실재에 어떠한 것으로서라는 의미를 부여하는 문맥이 사라진다는 것이다. 그로써 원래 실재에 속해 있던 성질도 무언가 다른 것과의 관계에 의해 의미를 부여할 수 없다. 예를 들어 책상이 목재인 상판과 검게 빛나는 다리로 이루어졌다고 하자. 책상을 책상으로서 사용하고 있다면 상판의 촉감이나 향, 다리의 광택은 도구의 쾌적함이나 아름다움으로서 충분히 의미를 갖는다. 그러나 책상이 기하학의 장으로 이동되어, 책상의 모양을 한 기하학적인 입체로서 나타날 때는 촉감이나 향기, 광택은 이제 전혀 관계가 없다. 이러한 성질은 기하학의 장에서 쫓겨나게 되는 것이다. 그리고 이 변화도 역시, 지금 여기에서 책상으로서 나타나는 것 자체에 감춰진 가능성이다.

그렇다면 이렇게 일탈한 여러 성질에는 어떤 특징이 있을까? 자신과는 다른 것(의미장)과의 관계에 의한 의미 부여에서 벗어난다는 것은, 반대로 말하면 고유한 방식만을 나타내는 것이다. 예를 들어 상판의 향기나 다리의 검은 광택은 문화적 실재로서의 책상에 속하지도 않고, 단지 그것만으로 존재감을 발한다. 다시 말해 사물에는 그때그때의 장으로 의미가 달라질 뿐만 아니라, 그 사물만이 가지고 있는 질적인 무게도 있는 것이다. 그 무게를 드러나게 만드는 일탈의 다이너미즘은 거듭 겹쳐진 의미장에서 흘러넘치는 불변성을 가리킨다. 의미장의 네트워크가 해체될 즈음, 각 실재는 스스로의 안으로 회귀하여 언제나 같은 성질에 머무른다. 이러한 항상적인 순환도 모든 실재를 관통하는 세계의 성격이다.

돌이킬 수 없는 덧없는 변화와 변함없이 항상적인 순환. 이런 정반대 성격이 바로 책상이라는 사물의 무수한 실재가 그 가운데에서 나타나는, 세계의 존재 방식이다. 처음부터 변화라는 단 하나의 사건으로 분석했기 때문에 변화와 순환은 이른바 동전의 양면과 같이 양면일체라고 할 수 있다. 하이데거는 이러한 세계의 상반되는 성격의 일체성을 '사방 세계' 개념의 구성 요소인 '하늘'과 '땅'이라는 독특한 상대 개념으로 표현했다. 조금 더 널리 알려진 용어로, 20세기를 대표하는 예술론 중 하나인《예술 작품의 근원》(1935/1936)에서 변화와 순환의 긴장 관계를 표현한 '세계와 대지의 투쟁'이 있다.

시간과 공간은 왜 확장하는가

지금까지 실재와 세계에 대한 개념을 살펴보았다. 지금 부터는 살짝 방향을 바꾸어 시간과 공간이라는 주제에 대해 생각해보자. 시간과 공간은 일상생활에서 매우 당연한 전제 다. 예를 들어 '오랜 세월 사용하여 책상이 낡았다' 혹은 '방 을 청소하기 위해 책상을 움직인다'라는 일상에서의 사건은 시간의 변화나 공간의 확장이 없다면 생각하기 어렵다. 따 라서 실재와 세계의 개념을 명확하게 하기 위해서는 시간과 공간 또한 검토해야만 한다. 그래서 지금부터 실재와 세계 개념과의 관계를 중심으로 시공간을 둘러싼 철학의 기본 논 점을 이야기하려고 한다. 이번 절에서 칸트의 시공간 개념 을 다루고 있지는 않지만, 칸트의 개념은 매우 고전적인 의 론이므로 제2장에서 소개한 개략을 꼭 참고하기 바란다.

일상에서 볼 수 있는 두 가지 시공간의 변화

간단한 일상생활에서 시간과 공간을 어떻게 이해할 수

있을까? 기분 좋은 가을의 맑은 날, 책상이 있는 방에서 뛰어나와 러닝을 하러 간다고 상상해보자. 집에서 출발하여 작은 골목을 지나, 거리의 사람들을 지나쳐 근처의 강변을 향해 걸어간다. 이런 식으로 주변의 풍경이 그려질 것이다. 지금 여기에서 풍경이 나타나고, 지금부터는 새로운 풍경이 나타나고, 또 이미 나타난 풍경은 지나가버린다. 이렇게 바뀌는 풍경 가운데 '지금 여기에 있다', '이제 다가올 저곳', '이미 지나친 그곳'이라는 시간과 공간의 요소를 구별할 수 있다. 이러한 시공간은 러닝 중 모든 풍경에 적용할 수 있다. 다시 말해 나뭇잎이나 강 등 실재하는 모든 것이 그곳에서 나타나는 전체 상황에 대해, 그것이 '지금 여기'에 성립하는지, '지금부터 다가올' 것인지, 아니면 '이미 지나가버렸는지' 구분할 수 있다.

그러나 시간과 공간을 이해하는 방식은 이것뿐만이 아니다. 잘 생각해보면 풍경만 비추는 것이 아니라, 풍경 속에 나타나는 각각의 사물 또한 변하고 있다. 태양빛에 반짝이는 나뭇잎은 가을이 시작할 때는 아직 초록색이었지만, 점점 나무 꼭대기부터 붉은색으로 옷을 입고, 모든 나뭇잎이 불타오르듯 변한 후에는 마른 잎이 되어 땅으로 떨어진다. 이때 나뭇잎은 초록색에서 빨강색으로 변하고, 나뭇잎의 위치 또한 나뭇가지에서 땅으로 이동한다. 이러한 변화도 시간적 전후 관계나 공간적 위치 이동을 나타낸다. 하지만 이는 앞에서 보았던 시간과 공간의 의미와는 다르다. 붉은 잎이라는 상태 변화나 낙엽이라는 위치 변화를 근거로 말할 수 있는 시간의 전후 관계나 공간의 위치 관계는, 나뭇잎이라는 실재가 구체적으로 변화하지 않는다면 당연히 이해할 수 없다.

이렇게 시간과 공간에는 두 가지 의미가 있다. 첫째, 존재에 대해 말할 수 있는 시간과 공간이다. 이는 각각의 실재와 상관없이, 수많은 실재가 그때그때 성립하고 있는 사실(풍경이 있다는 것) 자체에 대한 시간의 이동과 공간의 확장을 의미한다. 둘째, 운동에 관해 말할 수 있는 시간과 공간이다. 이는 각각의 실재(나뭇잎이나 책상 등)의 상태나 위치변화에 근거하여 파악할 수 있는 시간과 공간이다.

뉴턴이 그린 시간과 공간

여기에서 깨달아야 할 점은, 이처럼 일상적인 시간과 공간의 방식이 현대인의 세계관에 강한 영향을 미치는 물리적 시간과 공간 개념과 크게 다르다는 것이다. 이는 일반인보다 물리학자들이 훨씬 더 자각하고 있을 것이다. 예를 들어 고전 역학의 출발점이자 사과 낙하에 관한 일화(진위는 확실하지 않지만)로도 유명한 아이작 뉴턴(1643~1727)은 대표

작《프린키피아》(1687)의 서두에서 다음과 같이 서술했다.[34]

　시간, 공간, 위치 및 운동 등 모든 사람이 아는 것에는 그 정의를 부여하지는 않는다. 다만 주의해야 할 점은 일반인들은 이러한 양들을, 그들이 감각적 대상에 가지고 있는 관계에서의 개념만으로 이해한다는 것이다. 이때 어떠한 편견이 발생할 수 있는데, 편견을 제거하기 위해 이들을 절대와 상대, 진정한 것과 표면적인 것, 수학적인 것과 통상적인 것으로 구별해야 할 필요가 있다.

　여기에서는 보통 일반적인 사람들과, 뉴턴을 포함한 물리학자의 시간과 공간이 대비된다. 앞에서 본 것처럼 보통 사람들은 지나가는 풍경과 변화하는 나뭇잎을 감각적으로 경험할 수 있는 사항에 근거하여 시간과 공간을 이해한다. 그러나 뉴턴에게 그것은 '외적인 것'에 불과하다. 오히려 '진정한' 시간과 공간은 '수학적'이며 '절대적'인 것이다.

　근대 이후의 자연과학적인 세계관에서는 이러한 생각이 친숙하다. 하지만 이런 생각은 조금 신기하게 들리지 않는가? 수학이란, 자연의 관찰이 필요하지 않고, 순수하게 개념(심지어 자연계에 존재하지 않는 '삼각형' 등)만으로 성립하

---

34 《프린키피아(The Principia)》(1687), 아이작 뉴턴

는 학문이다. 그와 반대로 물리학은 관찰할 수 있는 자연물의 법칙을 기술하는 학문이다. 그렇다면 뉴턴은 전혀 자연적이지 않은 수학으로 자연의 질서인 시간과 공간을 해명할 수 있다고 말하는 것이다. 자연과학, 특히 물리학의 이러한 수학화는, 근대 과학의 출발점인 갈릴레오 갈릴레이(1564~1642)가 남긴 "우주라는 책이 수학의 언어로 쓰여 있다"는 유명한 표현으로 거슬러 올라간다(《황금계량자》(1623)). 갈릴레오 갈릴레이 이전인 중세 천문학에서도 물체의 운동을 수학적으로 표현했었다. 그러나 그들은 관찰 결과를 설명하는 도구로서만 수학을 이용했던 것에 반해, 갈릴레오는 수학의 이념적 질서를 자연 자체의 본질로 파악하는 플라톤 철학을 명확하게 내세웠다. 이렇듯 자연을 파악할 수 있다면 자연은 수리적 좌표로 표현될 수 있다. 좌표는 개념상 끝없이 확장될 수 있으며 원점은 특별한 의미가 없는 그저 영점이기 때문에, 르네상스 시기의 자연 철학자 조르다노 브루노(1548~1600)가 예견한 것처럼, 자연은 무한으로 확장하고 어디에도 중심이 없다.

이러한 수학적 자연관을 근거로 뉴턴의 고전 역학에서는 '절대 시간'과 '절대 공간'의 개념을 이끌어냈다. 요점은 절대 시간이나 절대 공간은 관찰할 수 있는 구체적 물체로부터의 독립으로, 오직 그것만으로도 실재한다는 것이다.

이는 매우 놀라운 주장이다. 상식적으로 시간의 길이나 공간의 크기는 태양의 이동이나 쇠구슬의 낙하 등 물체의 운동으로 말할 수 있으므로, 물체가 전혀 없다면 애초에 시간이나 공간을 말하는 의미가 없다고 느껴진다. 그러나 뉴턴은 감각(관찰)으로 이해된 시간과 공간은 상대적인 것에 불과하다고 말한다. 예를 들어 지구의 대기권을 감각된 공간이라고 하자. 이 경우, 지구는 움직이고 있으므로 대기권=공간의 위치도 언제나 변화한다. 그리고 감각된 공간이 위치를 바꾸기 위해, 그것은 보다 고차원의, 그 자체는 움직이지 않고 변하지 않는 공간에 위치해야 한다. 다시 말해 감각되는 시간과 공간이 감각 상황에 상대적인 것에 비해 애초의 감각 상황 그때그때의 변화를 변화로서 이해하기 위해서는, 비교의 기준으로서 그 자체는 변화하지 않는 절대적 시간과 공간이 있어야만 한다는 것이다. 이 경우, 절대 시간과 절대 공간 속에 특정한 '장소(place)'를 지정한다면 그것은 모든 우주의 공통적인 시각과 위치가 되는 것이다.

아인슈타인이 그린 시간과 공간

그러나 20세기의 알베르트 아인슈타인(1879~1955)이 제창한 상대성 이론은 이런 고전적인 시간과 공간의 개념을 부정한다.

애초에 아인슈타인에 앞서 에른스트 마흐(1838~1916)가 절대 시간과 절대 공간의 개념을 비판했다. 그는 관찰할 수 있는 것에 기인해야 할 자연과학이 관찰할 수 없는 것을 상정하는 것은 이상한 이야기라고 주장했다. 그리고 아인슈타인은 나아가, 관찰할 수 있는 것에 의거할 뿐만 아니라 갈릴레오나 뉴턴과는 다른 방식으로 다시 한 번 자연의 수학적 원리를 주장했다. 그것은 아인슈타인이 최초로 발표한 특수 상대성 이론에서 처음 설정된 두 가지 원리, '자연계의 어느 곳에서 물체가 운동하더라도 물리 법칙은 언제나 통용한다(상대성 원리)'와 '자연계의 어느 곳에서 관찰하더라도 빛의 광속은 언제나 동일하다(광속도 불변의 원리)'로 나타났다. 전자인 상대성 원리는 관찰을 통해서는 확인할 수 없지만, 자연이 그러한 것으로 먼저 전제로 여겨진다. 게다가 후자인 광속도 불변의 원리에 의한 기존 물리학의 관찰 성과를 근거로, 자연계의 어느 곳에서나 통용되는 하나의 물리 법칙을 구체적으로 내세우고 있다. 이것만 보면 맥이 빠질 만큼 단순하지만, 이러한 단 두 가지 원리에서 도출되는 귀결은 매우 중요하다. 요약하자면 뉴턴이 물체가 운동하는 각각의 상황(관성계)을 초월한 절대 시간을 상정하는 것과 반대로, 아인슈타인은 우주에 여기저기 흩어져 있는 수많은 관성계마다 시간이 변해버린다고 말한다. 예를 들어 태양 주변을 운동하는 지구에서 보면 두 가지 사건이 '동시'에 발생한다고 하더라도, 지구 주변을 공전하는 달에서 보면 '동시'가 아닌 경우가 있을 수 있다. 운동 상황에 의한 이런 시간 편차는 광속에 가까운, 매우 빠른 운동으로만 뚜렷하게 나타나는데, 예를 들어 인공위성 시계가 지상의 시계에서 약간 벗어나는 현상 등으로 확인할 수 있다. 그렇게 보면, 시간은 이미 '모든 물체로부터 독립한 보편적인 구조'와 같은 것이 아니라 각 물체의 운동에 환원되는, 어떤 의미에서는 종편적인 존재가 되어버린다.

그 후 아인슈타인은 적용 범위가 보다 넓은 일반 상대성 이론을 제시했으며, 수학적인 자연 파악은 그가 받아들일 수 없었던 양자역학이 확률적인 자연관을 밀어붙이는 등 보다 높은 수준으로 전개된다. 과학 철학자인 하라다 마사키(1967~)의 말처럼, 오늘날 양자역학이 이용되는 수학은 대부분 직감적 이해가 불가능할 정도로 형식화되었기 때문에, 수학적으로 표현된 이론이 애초에 자연이라는 실재에 어떻게 관계하고 있는지가 문제가 된다.[35]

그렇다면 이러한 수학적 자연관의 일부인 물리학적 시공간 개념과, 앞에서 보았던 일상에서의 시공간 이해는 어

---

35 <기하학적 존재론과 물리적 실존성>(2007), 하라다 마사키, 일본 학술지《현대사상》vol.35 (16)

제3장
'실재'에 대한 질문

떠한 관계가 있을까? 이에 대해 어느 한쪽이 일방적으로 우위를 갖는 어떠한 논쟁이 있어서는 안 된다. 왜냐하면 물리학적 개념이라고 하더라도 한 마디로 정리할 수 없으며, 수학적 언어의 본성에 대해 우리는 아직까지 탐구 과정에 있기 때문이다. 또한 우리의 일상적인 생활 세계에는 자연과학이 매우 당연하게 존재하기 때문에 일상적인 시간과 공간의 이해에 수학적인 것이 뒤섞여 있을 수 있다. 그렇지만 앞으로는 일상적 이해에 근거하여 전개되는 철학적 시간과 공간 개념을 검토해야 한다. 왜냐하면 우리가 수학적으로 시간과 공간을 파악할 때, 우리는 러닝 장면에서 묘사한 것처럼 일상의 경험 세계에 언제라도 어울릴 수 있기 때문이다.

존재의 시간과 공간

그렇다면 먼저 존재에 대해 말할 수 있는 시간과 공간을 살펴보자. 앞에서 다룬 사례에서는 러닝 중의 모든 풍경에 대해 말할 수 있는 시간의 경과와 공간의 확장이었다. 다시 말해 각 사물이 아닌, 풍경의 전체가 '지금' 그리고 '여기'에 나타나고, '지금부터', '그곳에', 나타나며, '지금까지', '그곳에' 나타났다는 식으로 시간과 공간을 이해할 수 있는 것이다.

그렇지만 시간이 '지금부터', '지금', 그리고 '지금까지'로

흘러가고, 공간이 '여기'와 '저기'로 확장된다는 것은 도대체 무엇일까? 이를 구체적으로 생각하기 위해 이번 장의 주제인 실재 개념을 단서로 생각해보자.

지금까지 실재 개념에 대해 두 가지 견해를 확인했다. 첫 번째는 실재가 '의미장'에서 나타난다는 가브리엘의 의견이다. 두 번째는 가브리엘과 달리, 수많은 의미장은 서로 관계를 맺고 있기 때문에 의미장 네트워크 변화의 다이너미즘이 모든 실재가 그곳에 뒷받침되는 '세계'가 된다는 의견이다. 이 '세계'가 성립하는 방식에 주목해보자. '세계'는 모든 풍경에 대응한다. 모든 풍경에는 가로수나 아스팔트와 관계가 있는 사회나 자연과학의 배경, 흐르는 강의 역사적 배경 등 셀 수 없을 정도로 많은 의미장이 촘촘하게 짜여 있다. 또한 빨갛게 물들어 나뭇가지에서 떨어지는 나뭇잎 같은 각각의 실재는 러닝 중 볼 수 있는 모든 풍경에 뒷받침되고 있다. 여기에서, 존재의 시간과 공간에 대해 언뜻 보기에 정반대의 두 가지 성격을 유추할 수 있다.

첫째, 존재의 시간과 공간에는 경과나 확장이 없다. 다시 말해 존재는 그때그때 단순하게 '지금'뿐이며, 미래나 과거는 전혀 없다. 또 존재는 그때마다 단순하게 '여기'에 있으며, '저기'라는 다른 위치는 없다. 왜냐하면 각각의 실재는 언제나 세계에, 즉 의미장 네트워크의 변화에 뒷받침되고 있으므로 실재가 나타날 때 세계는 언제나 '지금' 그리고 '여기'에 있으며, 그 외부로 결코 나올 수 없기 때문이다. 나뭇잎이 흔들리며 떨어질 때마다 풍경은 언제나 '지금' 그리고 '여기'에 있다. 고대 그리스의 파르메니데스는 이렇게 결코 지나가지 않는 절대적인 '지금'으로서의 존재를 시로 표현했다.[36]

단 하나의
'존재하다'
에 대해 말하는
길이 남겨져 있다.
이 길에서
존재는 불생이자,
불멸한 것
이라는
지극히 엄청난
징조가 있다.
왜냐하면
그것은
완전하고

---

36 《초기 그리스 철학(Early Greek Philos)》(1892), 존 버넷 (한국 미출간)

움직이지 않으며,

종말이 없기 때문이다.

그것은 일찍이 존재하지 않았으며,

언젠가

존재하지도 않을 것이다.

그것이 지금(nun),

전체로서

한 묶음으로

연속하여 존재하기 때문이다.

그 후 파르메니데스의 제자인 멜리소스는 스승의 주장을 공간까지 확장하고, 결코 지나치지 않는 존재는 공간적으로도 한정되지 않는다고 생각했다.

그러나 이와 반대로, 존재의 시간과 공간에는 '지금'이나 '여기'가 전혀 없다고도 말할 수 있다. 왜냐하면 제2장에서 본 것처럼, '세계가 그때그때 성립한다는 사실'은 마치 발바닥과 같으므로 그 자체를 '이것'이라고 가리키지 않으면 절대 파악할 수 없기 때문이다. 존재는 언제나 가까이에서 전제되지만, 파악하여 '이것'이라고 가리킬 수는 없기에 '지금'이라고 해도, '여기'라고 해도, 거기에는 전혀 내용 없이, 문자 그대로 '무(無)'가 되어버린다. 흔들리며 떨어지는 나뭇잎에 대해 자신이 있는 장면을 '이것'이라고 가리킨다고 하더라도, 가리키는 것 자체가 새로운 풍경의 일부가 되어 달아나는 것이다. 20세기의 하이데거는 파르메니데스가 말하는 존재의 '지금'을 서양 철학의 기초로 이해하고, 그와 뗄 수 없이 얽혀 있는 '무(無)'를 '부재(Abwesen)'라는 단어로 표현했다. 비슷한 시기의 일본 철학자 니시다 기타로 또한 동양 불교의 배경에서 '영원한 지금'을 '무(無)'라고 인식했다.

'그때그때' 나타나기 때문에 비로소

이렇게 존재의 '지금'과 '여기'를 둘러싼 상반된 입장이 도출된다. 그렇지만 이러한 대립은, 언제나 발바닥 위에 서 있으면서 그곳을 향해 걷지 못하는 것과 마찬가지로, 하나의 사항의 두 가지 측면에 불과하다. 오히려 이러한 중의성 자체가 어떻게 나타나는지에 주목해야 한다. 그렇다면 지금부터 '지금'과 '여기'에 머무르지 않는, 시간의 경과와 공간의 확장에 대해 이야기해보자.

우선 공간에 대해 살펴보자. 언제나 전제되는 존재의 성격만을 생각한다면, 멜리소스가 공간의 비한정성을 서술한 것처럼, '여기' 외의 공간적 위치는 없다. 그러나 이 순수한 '여기'는 실제로 '여기'의 소실과 굉장히 밀접하다. 예를 들어 나뭇잎이 그 가운데에서 나타나는 모든 풍경은 언제나 '여기'에 있다. 그러나 동시에 모든 풍경은, '여기'로서 나타날 때는 가리키는 것 자체가 새롭게 풍경의 일부가 되기 때문에, 나타나는 '여기'에서 언제나 이미 달아나버린다. 그럼 멜리소스의 말과 다르게, '여기'는 모든 공간을 제한 없이 가득 채우지 않는다. 오히려 세계가 성립할 때마다, 러닝 중 풍경이 나타날 때마다, '여기'가 보이고 그리고 그때마다 사라진다. '여기'는 매번 단 하나지만, 그때마다 나타나는 복수적인 것도 된다.

이러한 복수성의 귀결을 생각해보자. 원칙적으로 '여기'는 세계가 성립할 때만 보이는 유일한 위치다. 그렇지만 세계가 성립할 때마다 보인다면, 그때 보이는 것과는 다른 '그때'에서 '여기'를 말할 가능성도 반드시 전제된다. 다른 기회로 이야기되는 '여기'는, 당연히 그때그때의 '여기' 위치와 같지 않다. 그러면 '여기'를 중심으로 '거기'가 끝없이 펼쳐진다. 이렇게 '여기'와 '거기'라는 공간의 확장이 성립하는 것이다.

다음은 시간에 대해 이야기해보자. 공간과 마찬가지로 존재의 전제성만 생각하면 파르메니데스가 말한 지나치지 않는 순수한 '지금'밖에 없다. 그러나 이 순수한 '지금'은 '지금'으로서 나타나는 순간 '지금'으로부터 달아난다. 예를 들어 나뭇잎의 경우, 나뭇잎이 떨어지는 풍경은 언제나 '지금' 있지만, '지금'으로서 나타난 순간, 그 풍경은 나뭇잎이 떨어지는 바로 그 풍경이 아니게 되는 것이다. 이처럼 공간과 마찬가지로, '지금'이 모든 순간을 가득 메울 수 있는 것이 아니라 세계가 성립할 때, 러닝 중 풍경이 보일 때, 둘도 없는 유일한 '지금'이 복수로 나타난다고 말할 수 있다. 그렇지만 이것만으로는 설명이 충분하지 않다. 왜냐하면 공간의 경우, '여기'가 아닌 복수의 위치가 있다고 말할 수 있으면 좋겠지만, 시간에 대해서는 복수인 것뿐만 아니라, 여러 '지금' 사이에 '지나가다'라는 불가역적인 전후 관계를 설명해야만 하기 때문이다.

여기에서는 제2장에서 다룬 '〈있다〉의 내면에 있는 〈다름〉'에 대한 서술을 떠올려보기 바란다. 앞서 이야기한 것처럼 세계가 성립한다는 존재의 사실은 그때그때, 한 회마다 새롭게 나타난다. 그리고 '나타나다'에는 '있다'의 사실에 동일화할 수 없는 '도래'와 '경과'의 초과성이 있었다. 제2장에서는 신이라는 근원적 '다름'을 다루었지만, 하이데거나 레비나스의 말처럼 그 초과성은 시간의 문제를 생각하는 데도 유익하다. 왜냐하면 '지금'을 뛰어넘는 불가역적인 전후 관계를 가리키고 있기 때문이다. 존재의 '지금'에 불가분하게 얽혀 있던 전후 관계에 의해, 존재의 시간에서 '지금부터'와 '지금까지'를 이해할 수 있는 것이다.

존재와 시공간의 순환 관계

예를 들어 일상생활에서 러닝 중 전체적인 풍경이 비추어지는 가운데, 우리는 그와 같은 시간과 공간을 받아들인다. 존재의 시공간이란, 이른바 모든 풍경(세계)이 그에 따라 비추는 근본 질서다. 그렇다면 시간과 공간이라는 질서는 풍경 자체(이에 대해서 시공간이 언급된다)와 어떤 관계에 있을까? 바로 매우 흥미로운 순환 관계다.

먼저 너무 당연한 말이지만, 세계가 성립한다는 사실(존재)이 없었다면 존재의 시공간도 이해될 수 없다. 그에 대해 시공간을 말할 수 있는 것이 없었다면, 시공간을 말해도 소용이 없을 것이다. 그렇지만 한편으로, 일단 시간과 공간을 이해하면(우리는 언제나 이해하고 만다) 세계가 성립한다는 사실은 시공간의 질서에 따른 것으로서밖에 받아들일 수 없다. 그렇다면 시간과 공간은, 그것을 이해시키는 경험에서 비로소 꺼내지는 한편, 근본적인 경험을 처음부터 지배하고 있었다고 말할 수 있다. 하이데거와 교토 학파의 다나베 하지메(1885~1962)는 시간과 공간이 나타내는 이러한 순환 사건을 '시공간(Zeitraum)' 또는 '세계 도식'이라는 용어로 표현했다.

운동의 시간과 공간

다음은 운동으로 말할 수 있는 시간과 공간에 대해 생각해보자. 러닝의 사례로 다시 돌아가서, 나뭇잎의 변화에 대해 '지금까지 초록색이었지만, 지금은 적황색이며 지금부터 빨강색이 된다'라고 시간의 경과를 말했으며, 나뭇잎의 위치 변화에 대해 '나뭇가지에서 공중을 거쳐, 땅 위로 이동한다'라고 공간의 확장을 설명했다. 그리고 이와 같은 시간과 공간이 문제가 되었다.

이는 구체적으로 어떤 시간과 공간일까? 우리는 나뭇잎이 흔들리면서 떨어질 때, 시간의 경과나 공간 속에 이동이 있다고 당연하게 생각하고 있다. 그러나 눈에는 나뭇잎의 운동만 보일 뿐 시간과 공간은 보이지 않는다. 이에 주목한다면 '실제로는 나뭇잎의 운동만 존재하며, 시간과 공간은 단순한 환상에 불과하다'라며 극단적인 생각까지 할 수 있다. 만약 그렇다고 한다면 시간과 공간은 운동하는 실재와 어떤 관계에 있는 것일까? 이 둘은 같은 것일까, 아니면 다른 것일까?

먼저 '운동'을 더욱 자세하게 확인해야만 한다. 예를 들어 나뭇가지의 운동이란 '초록색 → 적황색 → 빨강색'이라는 전후 관계의 변화나, '나뭇가지 → 상공 → 지면'과 같은 위치 변화다. 아리스토텔레스는 《자연학》에서 실재의 이러한 변화를 통틀어 '운동성(kinesis)'이라고 했다. 이 책에서도 그의 표현을 빌려 서술한다.

나뭇잎 등 각 실재의 운동은 각각에 해당하는 의미장으로 제한될 수 있다. 왜냐하면 나뭇잎의 색이나 위치 변화와 관계없이, 그것은 어디까지나 같은 나뭇잎의 운동이기 때문이다. 초록에서 빨강으로 색이 변해도, 나뭇가지에서 지면으로 떨어지더라도, 그로써 하나의 나뭇잎이 나뭇잎이 아닌 것은 아니다. 나뭇잎이 같은 나뭇잎이 되지 않는다면 '초록에서 빨강으로 변했다' 혹은 '나뭇가지에서 지면으로 떨어졌다'와 같은 표현은 불가능하다. 그래서 실재는, 실재가 각각의 실재'로서'(나뭇잎으로서) 나타나는 의미장이 지정한 범위에서 운동한다는 것을 알 수 있다. 그에 비해 의미장이 구성하는 네트워크는 운동 범위의 한계를 결정하며, 이른바 경계선을 끌어당긴다. 예를 들어 나뭇잎은 초록색으로 싹트기 전에는 '나뭇잎'이 아닌 '나무의 싹'에 불과하며, 땅에 떨어져 완전히 썩은 후에는 '흙'이 된다. 이렇게 일정한 한계를 뛰어넘어 변화한다면, 그 실재는 어느새 다른 의미장에서 나타난다. 다시 말해 네트워크를 형성하는 의미장 사이의 관계는 '나뭇잎'과 같은 하나의 실재가 운동하는 시작과 끝을 구분하는 것이다.

이 운동을 자세히 살펴보면 두 종류의 질서가 존재한다.

첫째, 어떤 운동에도 변화의 전후 관계가 있다. 나뭇잎의 색이 빨강으로 변화하는 이유는 빨갛게 보이게 하는 색소가 축적되었기 때문이다. 이는 자연의 변화에 대한 전후 관계다. 또 러닝 중에 이웃이 물건을 구매한 후 돌아가는 모습을 발견했다고 가정하자. 이는 자연의 변화가 아닌 '물건을 구매하다'라는 목적을 향한 일련의 순서에 대한 전후 관계다.

둘째, 어떠한 운동에도 실재 배치에 변화가 있다. 나뭇잎이 나뭇가지에서 지면으로 떨어지면서 나뭇가지와 지면에 대한 나뭇잎의 위치가 변화한다. 이때 실제로 나뭇잎은 움직이지 않았으며, 나뭇가지와 지면만 하늘을 향해 움직인다고 해도 '나뭇잎이 떨어지는 것'처럼 보인다. 그렇다면 나뭇잎의 운동은 나뭇잎뿐만 아니라, '나뭇잎', '나뭇가지', '지면'의 배치에 대한 변화로 파악할 수 있다. 보행이라는 이웃의 운동도 '이웃', '집', '마트'의 배치 변화라고 할 수 있다.

크로노스와 토포스

여기까지 읽었다면, 운동에 대해 말할 수 있는 시간과 공간이 무엇인지 알 수 있다.

우선 운동의 전후 관계에 주목해보자. 그 전후 관계는 '초록색 → 적황색 → 빨강색'과 같은 실재의 구체적인 변화와 나눌 수 없다. 그러므로 어떠한 실재가 변화하려고 한다면, 그 변화에는 다음과 같은 공통적인 방식이 있다.

(1) 전후 관계에는 어디에서 시작하고 어디에서 끝나는지 나누는 '구간'이 있다. 나뭇잎이 초록색이기 이전의 더 파릇한 색이나 빨강색 다음인 적회색 등, 실제로는 더 오래 변화한다. 게다가 '초록색' 또한 어느 정도의 농도로 초록색이 되는지가 굉장히 애매하다. 왜냐하면 그 변화의 연속체에서 '어디에서 어디까지'라는 구간을 잘라보지 않으면, 무엇이 '전'이고 무엇이 '후'인지 정해지지 않아 전후 관계가 성립하지 않는다.

(2) 또한 그러한 구분과 함께 그 외부에 어떠한 구간의 시작점보다 전(초록 이전의 색)과 끝점보다 후(빨강색 이후의 색)라는 보다 폭넓은 현상이 잇따라 발생한다. 외적인 전후 관계는 얼마든지 확장되기 때문에 이는 한없이 늘어난다. 결국 이러한 연속적인 현상(끊임없는 색 변화의 나열)으로부터 원래의 구간(초록→빨강)도 잘리는 것이다.

(3) 마지막으로 구간과 연속하는 현상의 전후 관계가 성립하기 위해서 '지금'이라는 시점이 반드시 전제된다. 왜냐하면 '전'과 '후'를 구별하기 위해서는 '무엇에 대한 전과 후

인가'를 결정하는 원점(적황색)이 있어야만 하기 때문이다. 그 원점으로서의 '지금'이 없었다면 '전'과 '후'라는 개념은 절대 의미를 갖지 않는다.

이 세 가지를 정리해보자. 그럼 '〈지금〉을 중심으로 연속하는 현상에서 일정한 구간을 잘라낼 수 있다'라는 형식이 갖춰지면서 운동의 전후 관계가 성립한다고 할 수 있다. 아리스토텔레스는 《자연학》에서 이런 운동의 기본 방식을 '시간(크로노스)'의 본질이라고 보고, 그것을 '〈보다 먼저〉와 〈보다 후〉에 근거하는 운동의 수'라고 정의했다.

다음으로 운동에서 배치는 어떻게 변화할까? 여기에는 모든 운동에 공통적인 형식이 존재한다.

(1) 먼저 배치의 변화가 성립하기 위해서는, 배치되는 실재가 어디까지 확장되는지를 한정해야만 한다. 어쩌면 땅으로 떨어지는 나뭇잎은 달에 대해 몇 미터 정도 접근하고 있을지도 모른다. 그러나 나뭇잎의 낙하를 말할 때, 보통 달은 문제가 되지 않고, 나뭇가지와 지면 사이의 확장으로 이야기가 한정된다. 물론 달의 배치를 생각해도 되지만, 어쨌든 범위를 정하지 않으면 '무엇이 변화하고 있는지'가 정해지지 않으므로 배치 변화도 성립하지 않는다.

(2) 다음으로 수많은 실재에서 이렇게 일정한 확장을 선별할 때, 그 범위에서 움직이는 실재의 위치로서 '여기'가 반드시 전제된다. 떨어지는 나뭇잎이 '여기'라는 특정한 위치에 없었다면, 나뭇가지와 지면 사이의 확장을 구분할 수 없다. 반대로 말하면 그때그때 변하는 나뭇잎의 위치가 있기 때문에 그 위치 이동을 받아들이는 확장(나뭇가지와 지면의 간격)을 생각할 필요가 있는 것이다.

이 두 가지를 정리하면, 운동에서 배치 변화는 〈여기〉를 중심으로 〈여기〉가 이동하는 〈확장〉이 구분된다'라는 형식을 갖춘다. 아리스토텔레스는《자연학》에서 '확장'과 '여기'를 아울러 '장소(토포스)'라고 불렀다.

실재의 운동에 대한 이러한 형식이 운동에 대해 말해지는 시간과 공간이다. 그 바탕에 '지금'과 '여기'가 있다는 것은 존재의 시공간과 다르지 않다. 그러나 이 둘은 본질적으로 다르다. 존재의 시공간에서 '지금'과 '여기'는 세계가 성립할 때만 말할 수 있는, 유일한 것이다. 반면 운동의 시공간은 어디까지나 실재의 운동에 대해 말할 수 있는 것이기에, 수많은 실재가 있듯 운동의 '지금'과 '여기' 또한 무수히 존재한다.

미지와 조우한 인간에게
세계의 수수께끼가 펼쳐진다

　이번 장에서는 '실재'의 기본 문제로서 실재의 다원성과
자연의 지위, 세계, 시간과 공간에 대해 이야기했다. 서두에
서 정의한 것처럼, 실재란 '있는 것', 다시 말해 '있다'라고 말
할 수 있는 것이다. 그리고 모든 실재가 뒷받침되는 장소가
바로 '세계'이며, 실재가 나타나는 형식이 시간과 공간이다.

레비스트로스의 체념

　그렇다면 이 책의 주제인 '인간'은 이러한 실재 가운데
어떻게 자리할 수 있을까? 여기에는 약간의 당혹스러움이
존재한다. 실재란 '있는 것'이다. 그리고 실재가 토끼나 오
리 등 '~로서' 나타날 때, 그는 의미장에서 나타난다. 그에
비해 실재에 있는 인간은 의미장의 일부(토끼에 먹이를 주는
자, 오리를 관찰하는 자)로만 있다. 그렇기 때문에 인간이 있는
지 없는지 혹은 묻는지 묻지 않는지에 따라 토끼나 오리의
실재성이 좌우되지 않는다. 인간은 언제나 의미장에 살고

있으며 그곳에서만 생각할 수 있다. 그렇다면 인간은 우연히 실재의 한가운데에 던져졌을 뿐, 실재의 문제에서 인간의 존재는 아무리 해도 좋아지지 않는 것일까?

인간은 무관심하게 거기에 있을 뿐이다. 인간은 그 변화에 휩쓸려 살아갈 뿐이다. 실재의 이러한 비인간적인 성격은, 구조주의 권위자인 인류학자 레비스트로스(1908~2009)가 세계적으로 출간된 《슬픈 열대》(1955)에서 정교하게 그리고 있다. 여행을 싫어하는 그는 남미에서 현장 연구를 시행하고, 서양을 포함한 어디에서도, 중심이 없는 인류의 생활 형식의 다원성을 언급했다. 그러면서 그는 언젠가는 죽음을 맞이할 인간에 대한 고요한 체념을 이렇게 묘사했다.[37]

세계는 인간 없이 시작했으며, 인간 없이 끝날 것이다. (…) 인간 정신이 창조한 것에 대해 이야기한다면, 그 의미는 인간 정신과의 관계에서만 존재하며, 인간 정신이 모습을 감춘다면 즉시 무질서로 빠져들 것이다.

인간은 제도나 풍습, 관습을 창조하고, '아버지' 등 일정한 문화적 역할을 스스로 부여한다. 이 새로운 '의미장'은 문화에 따라 다른 다원적인 것이다. 그러나 이는 어디까지

---

37 《슬픈 열대(Tristes Tropiques)》(1955), 레비스트로스

나 인간이 관계하는 장에 불과하다. 인간이 한 명도 남지 않고 사라져도 그들의 의미장이 없어질 뿐, 세계는 그대로 존속한다. 인류학 연구를 통해 레비스트로스는 자신의 의미장이야말로 '서양'을 상대화하고, 나아가 인간의 일반적인 의미장이 도중에 끊어지는 상황까지 꿰뚫어보았던 것이다.

실재에 인간은 필요한가

그렇지만 의문도 발생한다. 미지의 인류 사회를 만나 놀라움을 느끼고, 인간에 관심을 갖지 않는 세계 속에서 인간의 종말을 예감하는 레비스트로스와 같은 사람이 없었다면 이렇게까지 비인간적인 존재라고 '스스로를 보여줄' 수 있을까? 인간이 있든 없든 이 세계는 존재하지만, 자신이 기대고 있는 의미장의 경계에 마주치는 인간이 없다면 인간으로부터 멀어진 실재도 나타날 수 없을 것이다.

제1장의 '사실'과 '질문'의 관계를 바탕으로 인간이 세운 의미장의 경계가 어떻게 '자신을 나타내는지'를 생각해보자. 어떤 의미장을 세울 때, 인간은 다른 장을 약간 배제한다. 인간이 실재를 받아들이고 이해하는 시점은 그때그때의 특정한 장에 있으며, 그 밖의 의미장에는 존재하지 않는다. 예를 들어 오리와 토끼의 착시 그림(도표 4)이 오리로 보인다면 토끼는 보이지 않는다. 그럼에도 불구하고 오리를

보는 그 순간, 그것이 토끼로 보일 수 있다는 사실을 이해하고 있다. 또한 레비스트로스처럼 타지의 현장 연구에 대한 경험이 없어도, 자신과는 전혀 다른 생활 형식을 가질 수 있다는 것은 당연히 이해할 수 있다. 이는 매우 신기한 일이다. 왜냐하면 자신이 세운 의미장에서만 실재를 이해할 수 있는 인간이, 다른 의미장 등은 상상조차 할 수 없도록 생각되기 때문이다. 그러나 인간은 자신이 존재하지 않는 세계를 포함하여 의미장의 다원성을 실제로 이해하고 있다.

그렇다면 어째서 인간은 의미장의 다원성, 다시 말해 실재의 다원성을 이해할 수 있을까? 그것은 다른 시점에서 우리와 이야기를 나누고, 우리의 의미장을 상대화해주는 다른 사람이 있기 때문이다. 오리밖에 보이지 않던 사람에게 토끼를 볼 수 있는 시점을 전하는 타인이 없다면 '오리가 다른 것으로 보일' 가능성은 보이지 않는다. 자신과는 다른 장에 선 사람과의 만남이 있기에, 실재의 다원성은 스스로를 나타낸다. 그리고 그 만남은 의미장의 불확실성을 보일 수 있도록 하는 존재로, 언제나 이미 '질문'의 대화와 관계를 맺고 있다. 그렇게 보면 실재의 문제에서 인간은 결코 가치가 없는 존재가 아니다. 오히려 실재는 실재로서 나타나기 위해 서로 질문을 나누는 인간을 필요로 하고 있다.

제4장

'나'는 누구인가

'나'를 둘러싼 이야기 (제4장의 주요 등장인물)

나'의 동일성

자기의식

보는 것을 보다.

데카르트
(1596~1650)

언어에 의한 자기 지시
일인칭 대명사의 주체적 용법

시드니 슈메이커
(1931~)

선반성적 자기 지각

에드문트 후설
(1859~1938)

실존

실존주의의 출발점

실존주의의 상징

쇠렌 키르케고르
(1813~1855)

장 폴 사르트르
(1905~1980)

'나'의 신체

'나는 나의 신체이다.'

모리스 메를로퐁티
(1908~1961)

가능성과 관계하는 신체 지배를 뛰어넘은 실존의 자유

시몬 드 보부아르
(1908~1986)

수용되는 신체 자기 촉발

미셸 앙리
(1922~2002)

신체로부터의 영혼의 해방

플라톤
(기원전 427~기원전 347)

죽음은 아무것도 아니다.

에피쿠로스
(기원전 341~기원전 270)

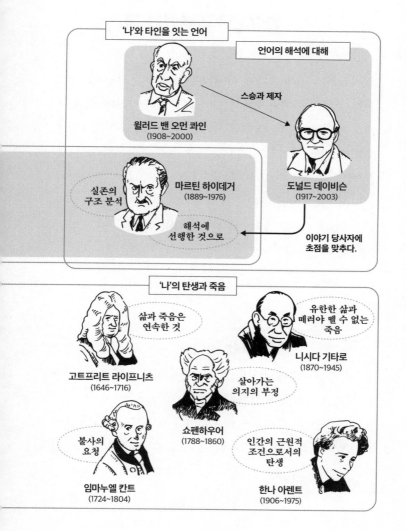

'나'를 '나'라고 부르는 것

지금까지 실재에 대해 이야기했다. 마지막 장인 제4장에서는 실재의 한가운데에서 살아가는 우리 자신에 대해 생각하려고 한다. '나'가 다른 누구도 아닌 '나'라는 것, 이는 도대체 어떤 의미일까? 이 질문은 전통적인 철학에서 '영혼'이나 '주체', '자아'나 '자기', '실존'이라고 불러온 사항과 관련이 있다. 이런 단어들만 나열하면 무거운 느낌을 주지만, 문제로 삼고 있는 것은 어디까지나 이 책을 읽고 있는 여러분 자신이다.

'내가 곧 나다'

'나'라는 사항에서 철학적으로 문제가 되는 것은 '내가 곧 나다'라는 독특한 동일함이다. 이는 '책상이 책상이다' 혹은 '바이든 대통령이 바이든 대통령이다'라는 동일함과는 다르다. 책상은 자신이 책상이라는 실재라는 사실을 전혀 이해하고 있지 않다. 책상은 어떠한 자각도 없이 그저 거기에 있을 뿐이다. 또한 바이든 대통령(우리에게는 타인)은 자신이 실재한다는 것을 이해할 것 같은데, 타인인 우리는 바이든 대통령이 스스로의 실재에 대해 갖고 있는 자각을 공유할 수 없다. 우리는 그저 외부에서 바이든 대통령을 바라보고 있을 뿐이다. 그에 비해 '내가 곧 나다'의 동일함에 대해 '나'는 스스로 실재한다는 것을 자각하고 있다. '나'가 하나의 실재로서 성립할 때, '나'에게 해당하는 '나' 자신이 스스로의 실재를 받아들이고, 경험하고 있다. 만약 '나'에 대한 스스로의 실재가 전혀 나타나지 않고 받아들이지 못한다면 '나'는 본래 '나'로서 존재하지 않으며, 책상처럼 그저 거기에 있는 것이 될 뿐이다. '나'라는 사항에 대해 우선적으로 생각해야 할 부분은 바로 이런 존재와 표현의 동일성이다.

이러한 '나'를 고찰하는 태도로서 두 가지를 구별할 수 있다. 하나는 '나'의 다양한 존재 방식을 남의 일처럼 관찰하는 것이다. 또 다른 하나는 고찰하는 사람이 다른 사람이 아닌 자신, 마치 당사자로서 '나'에 대해 자각을 깊어지게 하는 것이다. 이 둘의 차이를 실감하기 위해 휴일에 하는 산책을 상상해보자.

문을 나서면, 막 비가 그친 뒤에 떠오른 태양이 겨울 거리를 비추고 있다. 좁은 골목의 계단을 오르고, 근처 커피숍에 들렀다가 그대로 가까운 강가를 걷는다. 가끔 러닝이나 강아지 산책을 하는 이웃들과 마주치면 서로 이름을 부른다. 길을 걷다 보면 나무들의 잎사귀가 모두 떨어져 가을이 끝나고 겨울이 시작된 것을 실감한다. 그대로 계속 걸어가다가 점심 식사로 무엇을 만들지 멍하니 생각을 떠올린다.

이 장면을 남의 일처럼 제3자의 시점에서 바라본다면 '나는 곧 나'라는 동일함이 여기에 있다고는 증명하기 어렵다. '나'의 동일함은 다른 사람에게 전혀 보이지 않는다. 영국의 경험주의 철학자 데이비드 흄의 말처럼, 겨울 광경이나 마주치는 사람들, 주고받는 상념이라는 경험의 '묶음(bundle)'만 보인다. '나'라는 이름의 실재는 이러한 장면 속에 어디에도 나타나지 않는다. 물론 '계단을 오른다' 혹은 '강가를 걷는다'라는 일련의 동작은 동일한 사람의 동작으로 볼 수 있다. 그러나 동작하는 주체가 같아도 그것은 다른 사람의 시점에서 본 기억이나 신체의 동일함에 대해 이야기하는 것에 불과하다. 게다가 그 동일함은 얼마든지 회의적일 수 있다.

예를 들어 기억에 대해 말하자면 '계단을 오른다'와 '강가를 걷는다'의 동작 주체는 대부분 도중의 커피숍을 포함한 기억의 연속성을 가지고 있다. 그러나 계단을 오른 직후에 기절하여, 모든 기억을 잃고 눈을 떠보니 강을 걷고 있었다면 어떨까? 어느새 기억의 연속성은 존재하지 않는다. 동작의 주체인 기절하기 전의 자신은, 몸의 기억이 없는 다른 사람과 같은 존재가 될 것이다. 그러나 제3자가 본다면, 기절하기 전과 후의 동작 주체는 반드시 다른 사람은 아닐 것이다.

그렇다면 신체는 어떨까? 상식적으로 신체가 다르면 동일인이라고 말할 수 없다. 그러나 데릭 파핏(1942~2017)의 사고 실험에 따라 계단을 오른 직후, 세포를 완벽하게 복제한 클론으로 대체하여 클론이 강가를 걷는다고 가정하자. 이 경우 신체마저 동일하지 않게 되는데, 타인이 보면 진짜와 복제한 클론을 구별할 수 없기 때문에 두 가지 동작을 하는 사람은 역시 동일 인물이다.

이렇게 남의 일처럼 보는 한, '내가 곧 나다'의 동일함은 얼마든지 그 근거(기억과 신체)를 의심해볼 수밖에 없다.

한편 당사자 시점에서 그 상황을 살아갈 때, 이야기는 정반대가 된다. 여기에서 '나'의 동일함 역시 증명할 수 없지만, 애초에 논증의 선행은 언제나 전제되는 원초적인 사실이다. 산책 도중에 나타나는 사물들에 여러분이 함께 있는 그때, 여러분은 여러분 자신이다. 여러분은 여러분 자신이 아닌 것으로서 그 자리에 있을 수 없다. 이 책을 읽고 있는 것은 여러분 자신이며, 다른 사람이 아니다. 이 사실을 부정하려고 해도 결국 부정하는 것은 다름 아닌 여러분 자신이다.

이렇게 반드시 전제되는 성격은 제1장에서 다룬 현상학 용어로 '현사실성'이라고 한다. 당사자라는 것은 '마침 사고 현장에 있다' 혹은 '마침 회의에 참석했다' 등 일상적인 언어로 말하는 것처럼, 문제가 되는 상황에 휘말리거나, 적극적으로 관계를 맺고 있어 마침 그 현장, 그 자리에 있는 것이다. 산책하는 상황에서 '나'는 햇빛을 받거나 걸음을 옮기는 등 신체를 가지고 그 자리에 있다. 또 일본어 문법을 설명할 수는 없어도, 일본어를 실제로 말할 수 있는 것처럼 명시적이 아닌 암묵적인 것으로 존재하는 것도 있다.

지금부터는 이런 당사자 시점에서의 '나'에 대해 이야기한다. 왜냐하면 '나'라는 주제는 실제로 당사자 시점에서만 문제가 되기 때문이다. 제3자의 시점에서 바라보는 것은, 실제로 '나'라는 단어를 적용시킨 다른 사람에 불과하다. 여기에서 당연히 '나'의 존재가 의심받는다. 그러나 실제로 '나'는 당사자로서 이 책을 읽고 있는, 다른 사람이 아닌 여러분 자신이다. 하이데거는《존재와 시간》에서 이런 당사자로서의 '나'를 '현존재(Dasein)'라고 불렀다.

언어가 나타내는 '나'의 동일함 : 일인칭 대명사

먼저 '내가 곧 나다'의 동일함에 대해 자세히 검토해보기로 하자. 한마디로 표현해도 다양한 위상이 있으므로, 가장 중요한 언어, 의식, 실존이라는 세 가지 측면에 대해 이야기 하려고 한다.

첫째, 언어로서 '내가 곧 나다'에서 '나'라는 단어, 즉 일 인칭 대명사에 주목해보자. 이 단어를 사용할 때는 어떤 일 이 일어나고 있을까? 마침 이 책을 집필하고 있는 필자가 '나'라고 말한다면 그것은 필자인 '가게야마'를 가리킨다. 그러나 이 책을 읽고 있는 여러분이 '나'라고 말하면, '나'가 가리키는 것은 여러분 한 사람 한 사람이다. 다시 말해 '나' 는 '〈나〉라는 단어를 말하는 사람'을 가리킨다. 그때그때의 단어에 대한 발화에 따라 가리키는 대상이 결정된다. 언어 학에서는 이렇게 자기 참조적인 단어를 '지표사(indexicals)' 라고 한다.

이런 특이한 성격에 착목하여, '내가 곧 나다'의 동일함 의 본질을 일인칭 대명사 '나'의 사용법, 다시 말해 문법으 로 파악하려는 시도가 있었다. 예를 들어 분석철학자인 시 드니 슈메이커(1931~)의 고전적인 주장에 주목해보자. 여 기에서의 포인트는 '나'라는 단어의 주체로서의 용법, 즉 '나는 배가 아프다'와 같이 화자가 자신의 심리 상태에 대해 말하기 위해 '나'를 사용하는 용법이다. 이는 '나는 집에 있 다'와 같이 화자의 외적 상태를 기술하기 위한 '나'의 사용법과는 다르다. 후자의 경우, 화자가 정말 강가의 공원에 있다면 '집에 있다'라고 말하는 화자는 문장 안의 '(집에 있는) 나'와 같지 않을 것이다. 이와 반대로 전자의 경우, '배가 아프다'라는 화자와 문장 안의 '(배가 아픈) 나'가 일치하지 않는 것은 조금 상상하기 어렵다. 아프다고 느끼고 있지만 '사실은 아프다고 느끼지 않는다'라는 경우는 있을 수 없기 때문이다. 이러한 차이는 어디에서 오는 것일까? '나는 집에 있다'의 경우, 문장의 화자와 문장 속 '나'를 두고, 이 둘이 일치하는지 일치하지 않는지를 검토할 수 있다. 그러나 '나는 배가 아프다'에서는 그렇게 말하는 본인이 아픈 것이기 때문에 문장의 화자와 문장 속 '나'는 처음부터 동일하며, 이 둘을 나란히 두고 비교할 수 없다. 다르게 말하면 '나'라는 단어의 주체로서의 용법에서 단어의 화자와 단어가 가리키는 것은, 잘못 이해할 수 없는 특이한 동일성을 가지고 있다. 이렇게 '나'라는 표현의 특이한 문법에 의해 '내가 곧 나'인 동일성을 설명할 수 있다.[38]

보는 것을 보다 : 자기의식과 자기 지각

두 번째로 '내가 곧 나다'라고 말할 때, 이를 '자기의식

---

38 참조:《자기 관계성과 자기 지각(Self-Reference and Self-Awareness)》(1968), 시드니 슈메이커 (한국 미출간)

(self-consciousness)'으로도 파악할 수 있다. 예를 들어 여러분이 겨울 햇빛을 본다면, 여러분은 태양빛을 의식할 뿐만 아니라, 자신이 태양빛을 보고 있다는 사실도 알고 있다. 자기의식이란 이렇게 여러분 주변의 다양한 실재와 관계할 때의 '의식'이 스스로 자신을 의식하는 것이다. 근대 철학의 출발점이라고 할 수 있는 데카르트는 '보는 것을 보다(videre videor/I seem to see)'(원문 '見ることを見る(ビデーレ·ビデオール)'를 직역한 것-옮긴이)라는 표현을 통해 자신과 서로 관계하는 의식의 성격을 끄집어낸다. 이 입장에서 보면 슈메이커의 언어적인 '나'에 대한 견해만으로는 '〈아픈 것은 자신이다〉라는 자기동일성에 대해 어떤 방식으로 알고 있는가'라는 질문에 대답하고 있지 않다고 할 수 있다.

자기의식의 방식은 다양하다. 여기에서는 가장 중요한 '의식이 자신을 의식한다'라는 동일성이 성립하는 순서를 소개한다.

먼저 '의식이 자신을 의식한다'라고 말할 때, 겨울의 햇빛을 보고 있는 자신을 사후적으로 되돌아보면서 '나는 〈겨울의 햇빛을 보고 있었다〉'라고 확인하는 경우가 있다. 이는 철학의 핵심 용어인 '반성(reflection)'이라고 부른다. 그밖에도 여러분이 무언가를 하고 있는데 누군가에게 '그것을 한 사람은 누구인가'라는 질문을 받아 '그것은 내가 한 일이다'라고 대답할 때도 여러분은 자신을 반성하고 있다. 이와 같이 사후적으로 자신을 되돌아보는 자기의식은 앞서 언급한 데카르트의 '보는 것을 보다'라는 표현에 드러난다.

그렇지만 사후적으로 자신을 회고하기 위해서는 그 전에 '겨울의 햇빛을 보고 있었던' 사람이 자신이었다고 미리 깨닫고 있어야만 한다. 되돌아볼 실마리가 없다면 되돌아볼 수 없기 때문이다. 다시 말해 반성하기 전에 의식이 자신의 활동을 자각하지 않는다면, 의식은 사후적으로 스스로를 반성할 수 없는 것이다. 실제로 자신을 굳이 회고하지 않아도 우리는 자신이 '겨울의 햇빛을 보고 있는' 것을 막연하게 알고 있다. 이러한 선반성적 자기의식은 종종 '자기 지각(self-awareness)'이라고도 부른다. 현대 현상학의 권위자 중 한 사람인 단 자하비(1967~)는 후기 후설의 독해를 통하여, 깨달았을 때는 이미 살아남은 '나'의 이러한 동일성을 탐구한 것이라 했다.[39]

'내가 곧 나다'의 어쩔 수 없는 동일함 : 자기와 실재

세 번째로 '내가 곧 나다'라고 말할 때, '나'가 존재하는 것과 '나'가 자신에게 나타나는 것이 같다는 그때그때의 사실 자체가 있다. '나'가 존재할 때, '나'는 자신에게 무엇인가

---

39 《후설의 현상학(Husserl's Phenomenology)》(2003), 단 자하비

나타나서 실감하고 받아들일 수 있다. 또한 '나'가 자신에게 나타났다면, 그것은 '나'가 존재하는 것이다. 표현과 존재의 이러한 동일성이 이미 사실로서 전제가 되지 않는다면, '내가 곧 나'인 것이 구조적으로 성립하지 않고, 자기의식도, 대명사에 따른 자기지시도 사라져버린다. 이 경우, '나'와 같은 것은 없고, 책상과 같이 어떠한 자각도 없이 그저 거기에 있게 될 뿐이다. 그런 의미에서 표현과 존재의 동일성은 '나'가 존재하는 가장 기본적인 조건이라고 할 수 있다.

'나'의 이러한 동일성은 전통적으로 '자기(self)'나 '실존(existence)'이라고 부른다. '자기'와 '실존'의 개념은, 덴마크 철학자 쇠렌 키르케고르(1813~1855)를 시작으로, 20세기에는 하이데거와 어깨를 나란히 한 칼 야스퍼스(1883~1969)와 저명한 작가이기도 한 장 폴 사르트르(1905~1980)의 실존 사상에서 상세히 검토하고 있다. 현재의 문맥에서 중요한 '나'의 존재와 표현의 동일성에 대해, 하이데거는《존재와 시간》에서 독특한 용어로 이렇게 표현했다.[40]

현존재는 '이러이러하게 존재한다는 것을 그때그때 이해하고 있다'와 같이 존재한다. 그러한 이해(Verstehen)이기에 현존재는 자기 자신에게, (…) 무엇이 문제인가를 '알고 있다'. 이

---

40 《존재와 시간(Sein und Zeit)》(1927), 마르틴 하이데거

러한 '알고 있다'는 내재적인 자기 지각에서 생겨난 것이 아닌, 그 자체가 이해라는 '현(Da)'존재에 속해 있다.

'현존재'를 '당사자인 나'로 바꾸어 읽어보기 바란다. 여기에서는 '나'의 존재와 '나'의 존재에 대한 이해의 관계를 설명할 수 있다. '나'는 그때마다의 상황에 있을 때, 자신에게 무엇이 문제인가를 알고 있다. 예를 들어 겨울 햇빛에 있을 때, 자신에게는 산책으로 건강을 유지하거나 거리를 즐기는 것이 문제가 된다. 이것을 '나'는 어떻게 스스로 이해하고 있을까? 언뜻 보기에 여기에는 자하비가 강조한 선반성적 자기의식(내재적인 자기 지각)이 작용한다고 생각할 수 있다. 그러나 자기의식에 따른 스스로의 이해는 '나'의 표현(이해)과 '나'의 존재가 동일하지 않다면 애초에 성립하지 않는다. 자신에게 무엇이 문제가 되는지를 스스로 깨닫기 위해서는, 이해하는 '나'와 무언가를 문제로 삼는 '나'가 동일해야 한다. 그래서 앞의 인용문에서는 '알고 있다'를 '현존재에 속해 있다'라고 표현하고 있다.

양심의 호소

이렇게 '내가 곧 나'인 동일함의 바탕에는 실존이 있다는 사실을 알 수 있다. 20세기 후반을 대표하는 해석학자 폴 리쾨르는 이를 '자기성(ipséité)'이라고 부르고, 제3자의 시점으로 이해되는 '자체 동일성(mêmeté)'과 구별했다. 하지만 '나'의 존재와 표현이 동일하다고 해도, '나'의 존재(실존)는 구체적으로 어떻게 나타나는 것일까? '나'는 존재하는 이상 언제나 나타나지만, 그를 어떻게 실감할 수 있을까? 철학의 역사를 돌이켜보면, 여기에서는 '양심'의 현상이 중요한 역할을 한다. 칸트 연구가인 이시카와 후미야스의 저서《양심론》(2001)을 참고하여 양심 개념에 대한 요점을 정리해보자.

양심은 영어와 프랑스어로 'conscience', 독일어로는 'gewissen'이라고 한다. 고대 라틴어로는 'conscientia', 고대 그리스어로는 'συνείδησις(쉬네이데시스)'라고 한다. 사실 이 단어들은 직역하면 모두 '함께 알고 있다'를 의미한다. 각 단어의 어두인 'con-'이나 'ge-', 'συν-'는 '함께'를, 그리고 어미인 'science', 'wissen', 'scientia', 'είδησις'는 '알고 있다'를 나타낸다. 각 단어들은 공통적으로 누군가의 부름을 받고, 그것과 '함께 알고 있다'라는 발상에서 나온 것이다. 다시 말해 양심의 본질은 호소인 것이다.[41]

이 '호소'의 의의를 생각해보자. 예를 들어 일상생활에서의 양심은 내일 식사도 곤란할 정도의 경제적인 괴로움이

---

41 참조:《양심론》(2001), 이시카와 후미야스 (한국 미출간)

나 사회 불의에 억압받는 사람들과 직면하고, '이대로 손을 놓아도 괜찮은가, 무언가 나서야 하는 것은 아닌가'라고 느낄 수 있는 것이다. 이렇게 빚을 진 듯한 감각을 '양심의 가책(bad conscience)'이라고 한다.

그렇다면 '이대로 괜찮은가'라는 목소리에 주목해보자. 이 호소는 그렇게 주의를 환기시키고, 빚을 진 '나' 자신의 존재로 '나'를 되돌려놓는다. 다시 말해 양심의 가책으로 괴로울 때, '나'는 빚을 끌어안고 '존재'한다. 그러나 한편으로 호소는, 그 사실을 '나'에게 들이미는 이상, 빚을 안은 '나'의 존재를 '나' 자신에 대해 나타나게 한다. 다시 말해 여기에는 존재와 표현이라는 두 가지 측면이 있는 것이다.

그렇다면 지금부터 존재와 표현의 관계를 살펴보자. 그곳으로 되돌아가는 존재도, 내던져져 나타나는 것도, 모두 똑같이 빚을 안은 '나'다. 이렇게 양심의 호소는 '나'의 존재와 표현의 동일성을 뚜렷하게 부각시킨다.

누가 양심에 말을 거는가

그렇다면 양심의 목소리는 누가 호소하는 것일까? 누가 불러세울 수 있는가에 따라, 그에 해당하는 '나'의 성질도 달라질 것이다. 철학의 역사를 돌이켜보면 양심의 호소의 핵심은 '나' 자신인지, 아니면 넓은 의미의 다른 사람인지를 생각해볼 수 있다.

'나'가 호소하는 사례 가운데 오래된 것으로 고대 철학자의 영혼에 대한 배려의 계보가 있다. 로마 제국의 철인황제로 유명한 스토아학파의 마르쿠스 아우렐리우스(121~180)는 저서《명상록》에서, 인간은 자신의 마음의 소리에 귀를 기울이고, 그 자연 본성에 어울려 살아감으로써 '최후의 때가 다가와도 양심은 평안'해질 수 있다고 이야기한다.[42] 후기의 미셸 푸코는 이러한 고대의 양심론에 착목하여, 인간을 뛰어넘는 초월적 도덕이 아닌, 우리가 스스로 자신에게 충실할 것을 추천하는 논리를 구상하고 있다. 또한 20세기에는《존재와 시간》에서 하이데거가 양심의 호소는 '내 안에서 일어나면서도, 나를 초월한 곳에서부터 들려온다'라고 서술하며,[43] 양심의 목소리가 '나' 안에서 자기완결하다는 점을 강조했다.

그에 비해 타인이 호소하는 경우, 호소하는 자가 각자의 마음속에 상정된 타인인지, 아니면 절대적 타인인 신인지 구별할 수 있다. 타인이 호소하는 대표적인 사례가 고전 경제학과의 융합으로 유명한 도덕 철학자인 아담 스미스(1723~1790)의 '공정한 관찰자(impartial spectator)'라는 개념이

---

42 《명상록(Ta eis heauton)》, 마르쿠스 아우렐리우스

43 《존재와 시간(Sein und Zeit)》(1927), 마르틴 하이데거

다. 스미스는 《도덕 감정론》에서 사회 이해관계의 조정을 위해 감정을 쏟는 역할을 분석하면서, 이해관계에 대해 중립적인 '공정한 관찰자'가 개별적으로 사람의 마음에 살고 있어, 그 관찰자가 보편적인 비판을 가능하게 해준다고 해설했다. 아담 스미스에게는 이것이 양심의 호소다.

또한 신이 호소하는 사례는 그리스도교와 그 영향을 받은 철학에서 많이 발견할 수 있다. 예를 들어 중세 철학의 출발점인 아우구스티누스는 역사철학도서인 《신국론》에서 인류의 역사를 '신의 나라'와 '다른 나라' 간의 전쟁으로 묘사하며 다음과 같이 말했다.[44]

신을 경멸하면서까지 이르는 자기 사랑이 지상의 나라를 만들고, 자신을 경멸하면서까지 이르는 신에 대한 사람이 천상의 나라를 만들었다. 요약하면 전자는 자신을 자랑하며, 후자는 신 안에서 자랑한다. 왜냐하면 전자는 인간으로부터의 영광을 추구하지만, 후자는 신이 양심의 증인이자 가장 큰 영광이기 때문이다.

'신'을 '양심의 증인'으로 생각한다는 점에 주목하기 바란다. 양심 자체는 인간의 마음속에서 일어난다. 하지만 아

---

44 《신국론(De Civitate Dei)》(413~427), 아우렐리우스 아우구스티누스

우구스티누스는 양심에 비추어 양심의 가책을 느끼는 일을 하고 있는지, 하지 않는지에 대한 판정은 인간이 아닌 신이 행한다고 생각한다. 이때 양심 현상의 본질은 '나'를 초월한 타인인 신의 호소가 된다. 그리고 '양심의 증인'이라는 발상은 철학과 이어지기 전, 《신약성서》의 바울이 로마의 신도에게 맡긴 편지에서도 찾아볼 수 있다.[45]

양심 현상의 이중성

지금까지 본 것처럼 호소는 '나' 안에서 나타나고, '나'를 '나' 자신과 직면하게 만든다. 이처럼 양심 현상은 오로지 '나' 안에서 일어나는 것이기에, 그것을 자기 자신의 호소라고 생각해도 자연스럽다. 실제로 '이대로 괜찮을까'라며 양심의 가책을 느낄 때, 확실히 '나'가 자신에게 질문하는 자문의 성격이 있다.

한편 '나'는 '앞으로 양심의 가책을 느낄 거야!'라고 단단히 벼르고 있어도, 자력으로 양심을 느낄 수 없다. 양심은, 자신에게는 어쩔 수 없이, 오로지 느끼게 되는 수동적인 사건이다. 양심의 호소에 의해 '나'는 나타나게 되고, '나'의 존재로 되돌아간다. 이 '~하게 되다'라는 수동형의 사건을 '나'는 자신의 힘으로 일으킬 수 없다. 반대로 양심에 호소

---

45 참조: 《양심론》(2001), 이시카와 후미야스 (한국 미출간)

되는 수동성은 '나' 이외의 '나'가 아닌 타인으로부터 다가올 것이다. 실제로 '이대로 괜찮을까'라는 양심의 목소리에 괴로울 때, '나'는 일단 '나'의 도움이 필요하고 고통받는 타인에 직면해 있는 것이다. 그렇지 않으면 '이대로 괜찮을까'라고 느끼지 않는다.

이러한 이중성은 양심 현상의 본질이며, 양심이 분명히 하는 '나'의 존재 방식에 영향을 미친다.

다른 측면에서 보면 '나'의 존재와 표현은 동일하므로, 나타난다면 바로 '나'는 존재하며, 존재한다면 '나'는 바로 자신에게 나타나 수용할 수 있다. 여기에 타인의 개입은 필요하지 않다. 전후 프랑스의 주요 현상학자인 미셸 앙리는 이 점을 매우 강조하고, '나'의 자기 충족적인 자세를 '정감성(affectivité)'이라고 불렀다.

그러나 다른 시점에 선 타인과의 연결(호소)이 없다면 '나'의 존재와 표현은 성립하지 않는다. '나'가 다른 것이 아닌 '나'로서 존재할 수 있는 이유는 타인과 자신을 구별하고 있기 때문이다. 구별할 수 있는 '당신'과 '그 또는 그녀'가 없다면 모든 사람이 '나'가 되어버린다. 그렇다고 지금, 여기에 자신의 시점에서 세계에 있는 바로 '나'가 되는 것은 아니다. 이런 '나'가 자신의 시점으로부터 세계에 있기 위해서는, 자신과는 다른 타인의 시점에서 자신의 시점을 구별해야만 한다. 이런 점에서 '나'의 존재에 대한 바탕에는 타인과의 관계가 떼려야 뗄 수 없이 얽혀 있다. 마찬가지로 전후 프랑스를 대표하는 현상학자인 에마뉘엘 레비나스는, 실재의 바탕에 도래하는 이러한 타자성을 '얼굴(visage)'이라고 불렀다.

'나'와 타인의 언어적 관계

이렇게 '나'가 '나'인 이상, '나'는 타인과의 연결에 얽혀 있으며, 타인과 재회하고 있다. 처음에는 무관계로 존재하던 '나'와 타인이 때에 따라 관계하는 것은 아니다. 존재할 때는 언제나 '나'는 자신과는 다른 시점에 선 자와 관계를 맺고 있다.

그렇다면 이는 구체적으로 어떤 관계일까? 양심에 대해 설명하면서, '나'와 타인의 관계가 '호소'라는 무언가 언어적인 성격을 갖는다는 사실을 시사했다. 그래서 지금부터 경험의 당사자인 '나'의 입장에서 언어를 사용하여 타인과 관계하는 방법에 대해 파고들어보려고 한다. 다시 한 번 산책하는 장면으로 돌아가보자.

강가를 걷다가 이웃과 마주치면, '아, ○○씨' 혹은 '안녕하세요'라며 인사를 건넨다. 그때 위험해 보이는 벌이 날아들어 이웃이 '벌!'이라고 주의를 주었다. 한바탕 소동이 끝나면 다시 '요즘 어떻게 지내시나요?' 혹은 '요즘 회의가 너무 많아 힘들어요'라며 서로의 근황을 보고하거나, '이제 곧 선거가 다가오네요' 혹은 '쇼핑할 때는 항상 장바구니를 가지고 다녀요'라며 세상이 돌아가는 이야기를 한다.

우리가 일상생활에서 언어를 말할 때는 이렇게 서로 부르고, 자신의 근황을 보고하고, 앞으로 어떻게 행동할지에 대해 이야기한다.

근대 언어학의 시조인 페르디낭 드 소쉬르(1957~1913)는 이렇게 매번 실제로 말할 수 있는 언어를 '파롤'이라고 불렀다. 반대로 구체적인 발화에서 멀어져, 일본어나 영어 등 각 언어의 음성, 어휘, 문법 체계는 '랑그'라고 했다. 소쉬르는 언어학자로서 파롤보다 랑그를 더욱 중요하게 생각했다. 그렇지만 일본어나 영어를 실제로 말하는 사람이 없다면, 그 언어 체계는 분명 존재할 수 없다. 그래서 존재의 순서에서는 랑그보다 파롤이 선행한다고 생각한다. 이 책에서는 파롤로서의 언어에 주목한다.

우선 앞에서 다룬 '벌!'이라는 외침을 바탕으로 파롤의 이해에 대한 방식을 생각해보자. 산책 도중에 위험해 보이는 벌이 날아들었기 때문에 이웃은 '벌!'이라고 주의를 주었다. 이 말을 들었을 때, 우리는 무엇을 이해하고 어떻게 반응할 것인가? '벌!'이라는 말만 들었다면 땅벌인지 꿀벌인지 알 수 없다. 또 그 벌이 바로 보이지 않을 가능성도 있다. 하지만 강가의 공원에서 지인이 '벌!'이라고 외친다면, 벌이 있다는 위험을 경고하는 것으로 이해하고 몸을 숙이거나 자리를 벗어난다.

그에 비해 공원이나 지인이라는 구체적 상황이 없으면 어떻게 될까? 배경의 문맥 없이 '벌!'이라는 말만 들으면 곤충의 이름을 강조한다는 사실밖에 알 수 없다. 이는 곤충학자의 환희에 찬 외침일 수도 있고, 양봉장 주인의 애정 가득한 외침일 수도 있다. 그러나 결국 문맥을 알 수 없기 때문에 구체적으로 무엇을 의미하는지는 정할 수 없다. 이는 외국어로 대화할 때 상대방이 어떤 문맥에서 말하는지 알지 못한다면 듣고 이해하기가 매우 어려워지는 경우와 같다고 할 수 있다.

이를 통해 언어의 구체적인 의미는 일단 그렇게 말해지는 상황 전체의 문맥에서 이해하는 것이라는 사실을 깨달을 수 있다. 이러한 사태는 전후의 미국 철학의 권위자 도널드 데이비슨(1917~2003)이 '전체론(holism)'이라고도 불렀다.

언어의 본질

일컬어지는 언어(파롤)를 구체적으로 살펴보면, 말해지

는 단어나 글은 각각 지시 기능이 있다. 다시 말해 '벌'이라는 단어 자체는 단순히 음성이나 빛밖에 없지만, 이 단어는 '벌'이라는 실재를 가리키는 힘을 가지고 있다. 그 지시 기능이 바로 언어의 본질이다.

그렇다면 단어나 글의 지시 기능은, 방금 설명한 이야기의 전체 상황과 어떻게 관계하고 있을까? 그 관계 방식을 두 가지 측면에서 확인해보자.

첫째, 이야기의 당사자, 즉 화자는 이야기 상황에서 실재하는 것에 서로 관계하고 있다. 예를 들어 이웃은 '벌!'이라는 외침으로 지인인 여러분을 벌에게서 보호하려는 것이며, 여러분 자신은 벌에게서 도망치려고 한다. 다시 말해 언어가 말해질 때, 여러분과 여러분을 둘러싼 실재 사이에는 교섭 관계가 성립하는 것이다.

둘째, 이웃이 외치는 '벌'이라는 단어는 '아브라카다브라'와 같이 내용이 없는 단순한 소리가 아니라, '하늘을 나는 곤충' 혹은 '쏘이면 아픈 곤충'이라는 의의 내용을 가지고 있다. 즉 '벌'이라는 음성이나 문자 기호는 발화 상황에서 문제삼는 실재(벌)의 특정한 측면을 부각시킨다. 이렇게 '하늘을 난다' 혹은 '쏘이면 아프다'라는 측면을 드러냄으로써 '벌!'이라는 외침을 들으면 우선 주변을 둘러보거나, 머리나 손 등 노출 부분을 감추려고 하는 것이다.

이런 두 가지 측면을 정리해보면, 말해지는 단어가 무언가를 의미하는 '지시' 상황에서는 이야기 당사자와 실재의 관계 자체와, 말해지는 단어에 의한 그 관계의 내실에 관한 해부라는 이중적인 면이 있다고 할 수 있다.

분석철학의 출발점이라고 할 수 있는 고트로브 프레게는 그의 유명한 논문 《뜻과 지시체에 관하여》(1892)에서 이러한 이중성을 '의미, 지시체(Bedeutung)'와 '의의, 뜻(Sinn)'이라는 용어로 구분했다. 프레게가 다룬 사례로 '샛별은 새벽별'과 '샛별은 개밥바라기'가 유명하다.

표현 자체는 다르지만 모든 단어가 똑같은 실재, 즉 금성을 가리키고 있다. 그래서 '샛별은 새벽별'이라고 말해도, '샛별은 개밥바라기'라고 말해도 우리는 같은 실재에 관계하고 있는 것이다. 이 실재가 단어의 '의미(Bedeutung)'다.

그렇다고 해도 '샛별은 새벽별'과 '샛별은 개밥바라기'를 완전히 똑같은 표현이라고 하면 어딘가 이상하다. '새벽별'은 저녁 하늘에 서쪽에서 볼 수 있고, '개밥바라기'는 새벽 전 동쪽 하늘에서 볼 수 있다. 그렇다면 이 두 개 단어를 말할 때, 우리는 하나의 다른 방식으로 하나의 같은 실재에 관계하는 것이 된다. 프레게는 이러한 다양한 관계 방식을 언어에 의해 '표시된 것이 주어지는 방식'이라고 인식하고, 그것을 '의의(Sinn)'라고 불렀다.[46] 초기 후설의 《현상학 연구》 (1900/1901)에도 이와 비슷한 의론이 있다.

이렇게 단어나 글이 무언가를 지시(refer)할 때, 화자가 서로 언어를 교환하면서 실재와 관계하고 있다. 이것이 바로 언어의 지시 기능의 전제다. 그렇지만 한 단계 더 나아가 생각해야 할 문제는 '화자가 서로 언어를 교환한다'라는 사건이 어떻게 성립하는지에 대한 것이다. 그 점에 대해 더욱 깊게 파고들어보자.

근원적 해석이란

화자가 언어를 교환한다는 것은 서로 언어를 받아들이는 것을 의미한다. 물론 받아들이는 유연함은 경우에 따라 다르다. 예를 들어 이 책의 독자인 여러분은, 모국어는 거의 완벽하게 주고받을 수 있지만, 고대 메소포타미아의 수메르어로 말한다면 거의 대화를 나눌 수 없을 것이다(이는 필자인 나도 마찬가지다). 하지만 이는 본질적인 차이는 아니다. 왜냐하면 만약 같은 모국어를 말한다고 하더라도 각각의 화자에게는 다른 생활 배경이 있기 때문에, 화자가 서로 언어를 주고받는 일은 마치 번역처럼 서로의 언어를 해석한다고도 받아들일 수 있다. 그렇다면 서로의 언어를 해석한

---

46 《뜻과 지시체에 관하여(Über Sinn und Bedeutung)》(1892), 고트로브 프레게

다는 것은 어떻게 성립하는 것일까?

앞에서 본 데이비슨은 '근원적 해석(radical interpretation)'이라는 유명한 논점에 따라 이 문제에 착수했다. 그의 선생님이었던 콰인의 잘 알려진 사고 실험으로 생각해보자. 만약 여러분이 언어학자가 되었다고 상상해보기 바란다. 새로운 토지 개척을 위해 길을 떠난 여러분은 미지의 언어를 말하는 사람들과 만났다. 그들의 대화는 한마디도 이해할 수 없다. 그래도 끈기 있게 그들의 생활을 지켜보다가, 눈앞에 토끼가 있을 때 그들이 언제나 '가와가이!'라는 말을 내뱉는다는 사실을 깨달았다. 이에 언어학자인 여러분은, 일단 '가와가이'가 토끼를 가리키는 단어라고 해석할 것이다. 그렇다면 이러한 해석(언어 이해)은 정말 가능할까?

콰인은 다소 냉정하게 단 하나의 해석으로 확정할 수 없다고 대답한다. 왜냐하면 현지인은 한 마리의 토끼가 아닌, 토끼의 귀를 보고 그렇게 외쳤을 수도 있고, 애초에 '가와가이'는 동물의 이름이 아니라 '토끼 요리의 재료를 구하자!'라며 동료에게 하는 말일지도 모른다. 이렇게 다른 사람의 언어를 마음대로 해석하는 것을 '해석의 불확정성'이라고 한다.

이에 대해 데이비슨은 아무리 해석이 다양하다고 할지라도 그 바탕에는 공통적인 전제가 깔려 있다고 주장했다.

'가와가이'가 토끼 한 마리든, 토끼의 귀든, 명사든, 동사든 여러분은 언제나 자신이 가진 규칙(논리 형식 등)으로 상대가 말하는 언어를 해석한다는 것이다. 여러분은 자신이 이미 가지고 있는 규칙으로만 사고할 수 있기 때문이다. 그렇다면 데이비슨의 견해에서 '가와가이'라는 음성을 진지하게 언어로 해석하려고 하는 이상, 여러분은 그 미지의 언어가 여러분 자신의 언어 규칙(일본어 등)에 비추어 이해할 수 있는 것이라고 전제해야만 한다. 타인의 언어를 자신의 언어로 이해할 수 있다는 이런 전제를 '논증의 재구성(principle of charity)'이라고 부른다. 데이비슨의 견해를 뒤집어 말하면, 전혀 해석할 수 없는, 전혀 이해할 수 없는 언어가 있다면 그것은 우리에게 언어가 아니라 단순히 바람 소리와 다르지 않은 소리가 된다.[47]

해석에서의 분담과 선행하는 것

데이비슨의 이러한 주장은 물론 중요하다. 그러나 언어를 말하는 당사자 시점에서 생각하면 자연스럽지 않다는 것도 부정할 수 없다.

첫째, 타인의 언어를 이해하기 위한 규칙을 '자신의 언

---

47 《진리와 해석에 관한 탐구(Inquiries into truth and interpretation)》(1984), 도널드 데이비슨

{ 210 }

어' 안에서 찾는 것은 매우 부적절한 추상이다. 왜냐하면 타인의 언어와의 대화(근원적 해석)를 포함하지 않는 순수한 '자신의 언어'가 없기 때문이다. 예를 들어 이제 막 태어난 아기는 오로지 가족만 말을 걸기 때문에, 타인에게 적용하여 해석할 수 있는 자신만의 규칙을 갖고 있지 않다. 물론 아기들도 능동적으로 어른의 말을 이해하려고 하지만, 그것은 오히려 보호자라는 타인의 언어를 모방하고 습득하는 과정일 것이다. 이는 성장해서 일정한 언어 능력을 갖춘 후에도 똑같이 말할 수 있다. 학교나 직장 등 공동체에 새롭게 참가할 때, 우리는 존댓말이나 말투 등 다른 사람의 언어를 다루고, 그 언어의 규칙을 익힌다. 다시 말해 타인의 언어가 개입하지 않은 '자신만의 언어'는 없다고 할 수 있다.

이 점을 조금 더 깊게 살펴보자. 사실 '가와가이!'라는 외침을 들은 언어학자는 그 지역 사람들 생활의 완전한 외부에서 그들의 언어를 단순히 관찰 대상으로 생각하는 것이 아니다. 언어학자는 '현지인이 기대하는 것처럼 〈가와가이!〉에 부응하여 행동할 수 없다'라는 방식으로, 외지인으로서 현지인과 말을 섞고, 실재와 서로 관계하는 상황에 참여하고 있는 것이다. 이때 '가와가이!'라는 발화는, 현지인에게는 '외지인이 적절하게 부응해주지 않는 발화'라는 새로운 역할을 얻을 것이고, 언어학자에게는 '현지인의 기대에 부응하지 않지만, 현지인이 언어학의 관찰에 조금 더 동참하도록 만들기 위한 발화'라는 새로운 역할을 얻는 것이다. 이에 따라 이야기 당사자가 서로 언어를 교환하면서 실재에 관계하는 형태가 현지인과 언어학자 사이에 새롭게 형성된다. 극단적으로 말하면, 이때 '가와가이!'는 현지인의 언어일 뿐만 아니라 언어학자 자신의 언어도 되는 것이다. 이를 일반화하면 언어의 해석에서 우리는 타인의 언어에 일방적으로 자신의 규칙을 적용시키는 것은 아니다. 전혀 반대로 우리는 그때그때의 상황에서 타인과 언어를 교환하면서 실재와 관계를 맺고, 협동의 성공과 실패를 반복하면서, 언어의 규칙을 매번 다른 사람과 함께 새롭게 만들고, 서로 나누고 있는 것이다. 하이데거는 《존재와 시간》에서 이를 '이해 전달(Mitteilung)'이라고 불렀다.

둘째, 타인이 말하는 음성을 전혀 이해하지 못한다고 해도, 그것을 바람 소리와 구별할 수 없는 것은 아니다. '가와가이!'를 이해할 수 있는지 이해할 수 없는지 결정되기 전에 우리는 애초에 그 음성을 '이해하려고' 하고 있다. 이해하려는 노력조차 하지 않는다면 성패는커녕 해석이라는 당위 자체가 절대 성립할 수 없다. 다르게 표현하자면 '가와가이!'라는 타인의 음성은, 실제로 해석하기 위해 그에 선행하는 '이해하려고' 했던 언어로서 받아들여야만 한다.

그렇다면 왜 이러한 미지의 음성을 이해하려고 할 수 있는 것일까? 그것은 그 음성이 누군가에 의해, 누군가에게 말을 걸고 있기 때문이다. 물론 '가와가이!'는 언어학자가 아닌 현지인이나 화자 자신에 대해 말해지는 언어일지도 모른다. 그렇지만 어쨌든 언어를 받아들여야 하는 누군가에 대해 '가와가이!'는 말을 걸어오고 있는 것이다.

이러한 상호 관계가 없다면 어떤 음성을 이해하려는 태도는 완전히 의미를 잃어버린다. 하이데거는 《존재와 시간》에서 이러한 상호성을 '듣다(hören)'라는 독특한 용어로 표현했다. 이렇게 '화자가 언어를 교환한다'라는 사건의 바탕에는 데이비슨과 같은 '해석'에 선행하여 언어를 통한 상호관계가 전제되고 있다.

'나'와 '타인'을 잇는 언어

이러한 상호관계는, 이번 장에서 다루는 '나'의 성립에 그 무엇보다도 중요하다. 왜냐하면 앞서 논했던 것처럼 '나'의 존재는 타인과의 관계를 전제하지만, 그 타인과의 관계는 언어를 교환함으로써 처음 성립하기 때문이다. 다시 말해 다른 사람과 언어를 교환하는 관계가 있기에 '나'는 타인이 아닌 '나' 자신이 되는 것이다.

이는 사람들이 타인과 어떻게 관계를 맺는지를 생각하

면 이해할 수 있다. 다른 사람은 '나'와는 다른 시점에서 세계에 있다. '나'에게는 보이지 않는 벌을 이웃은 보고 있으며, '가와가이!'의 화자는 나와는 다른 말로 세계를 기술한다. 이때 몸을 움직여 벌을 보거나, 미지의 언어를 연구하는 등 '나'는 타인의 시점을 추측할 수 있다. 그러나 '나'는 절대로 타인의 시점 자체에 설 수는 없다. 왜냐하면 어느 정도 타인이 가진 시각 정보를 재현하려고 하든, 아니면 어느 정도 다른 사람의 언어 규칙을 몸에 익히려고 하든지에 관계없이 '나' 자신이 세계에 존재하는 방식(시점)만 바꾼 것으로, '나'가 다른 사람의 시점에 선 것이 아니기 때문이다. 여러분은 언제나 여러분 자신의 시점에만 서지 않는다. 다른 사람의 시점은 수억 광년이나 떨어진 우주의 끝보다 더 멀리 '나'로부터 떨어져 있다.

그렇다면 이렇게 엄청나게 멀리 떨어져 있음에도, '나'가 타인과 서로 관계할 수 있는 이유는 무엇일까? 바로 언어가 존재하기 때문이다. 언어를 서로 나누는 관계란, 구체적으로 '나'와 타인이 서로 대화를 하고 응답하는 것이다. 이때 언어를 교환하는 상대방이 서로의 언어를 받아들이는 자체는 '이것이다'라고 콕 집어 확인할 수 없다. 왜냐하면 '나'가 외치는 언어는 타인의 시점에서 받아들여지지만, '나'는 그 시점을 눈으로 보거나 손으로 만질 수 없기 때문이다. 물론 다른 사람도 '나'의 시점에는 접근할 수 없다. 그렇지만 '나' 는 지금 언어를 말하고 있는 이상, 그 언어가 타인의 시점에 서 받아들여지는 것을 반드시 전제하고 있다. 또한 타인의 언어를 이해하고 응답할 수 있다는 점도 전제하고 있다.

이렇게 실제 우리가 살아 있는 언어적 호응 관계에서 처음 절대적으로 떨어진 타인과의 연결이 나타난다. 게다가 앞에서는 다른 시점에 선 타인과의 관계가 없다면 '나'의 동일함은 성립하지 않는다고 말했지만, 이를 근거로 삼는다면 여러분이 각각 '나'로서 살아갈 때, 여러분 존재의 바탕에는 깨닫기 어려울 정도로 당연한 사실로서 다른 사람과의 언어적 대화가 전제되고 있다는 말이 된다. 전통적인 양심 개념을 둘러싼 '호소'의 성격은 이러한 사실에 근거하고 있다.

'나'의 신체의 성립

지금부터는 '나'의 존재에 대한 다른 부분을 이야기하려고 한다. '나'는 타인과 이야기만 하는 것이 아니다. 예를 들어 이 책을 선택하여 읽고 있는 지금 이 순간, 한편으로 여러분은 종이의 흰 부분이나 잉크의 검은 부분이라는 빛 정보를 받아들이고 있고, 다른 한편으로는 자신의 손과 눈을 움직여 독서를 계속하고 있다. 그래서 당사자 입장에서 그 상황에 있을 때, 그 존재하는 방식에는 수동적인 면과 능동적인 면이 있다. '나(여러분 자신!)'가 존재한다는 것은 스스로의 시점에서 세계에 있는 것 자체이므로, 이런 수동적인 면과 능동적인 면은 '나'의 존재가 성립하는 데 빼놓을 수 없다.

'나'의 이면성과 신체

다시 한 번 산책하는 장면을 떠올려보고, 수동과 능동 두 가지 측면에 대해 구체적으로 생각해보자. 산책 중 보이는 장면에 있을 때는 닫힌 문부터 쏟아지는 겨울 햇빛, 커피숍 앞에서 은은하게 코를 자극하는 커피의 향 등 다양한 것들이 나타난다. 이때 여러분은 어떻게 그 상황에 있다고 할 수 있을까?

첫째, 바로 그 상황에 있을 때 여러분은 반드시 어느 특정 시점에 '있는' 것이다. 겨울 태양이 눈을 찌를 때 '나'는 햇빛이 들어오는 문 가까이에 위치하며, 커피 향기가 날 때는 커피숍 근처에 위치한다. 이렇게 특정한 위치에 있지 않고 어느 위치도 갖지 않는다면, 여러분은 결코 그 상황과 맞닥뜨릴 수 없다.

둘째, 여러분은 위치할 때 반드시 어느 특정한 형태로 그 상황과 '관계를 맺으려고' 한다. 물론 태양빛 자체는 여러분이 직접 창조한 것이 아니라 수동적으로 받아들일 수밖에 없는 것이다. 그러나 햇빛이 비추는 상황과 스스로 관계를 맺으려고 하는 노력이 전혀 없다면, 여러분은 무엇과도 마주하고 있지 않기 때문에 태양 '빛'을 본다고는 말할 수 없다. 태양빛이 돌멩이를 비추는 경우, 돌멩이는 태양과 관계하려고 하지 않지만 여러분이 태양빛과 '마주하기' 위해서는 무언가 태양과 관계할 가능성으로 열려 있어야만 한다.

'위치'하는 수동성과 '관계를 맺으려고' 하는 능동성, 이 두 가지가 없다면 그때그때 상황에 마주하는 당사자로서의

'나'는 존재할 수 없다.

그리고 중요한 점은, 이 두 가지 측면이 '신체' 없이는 결코 있을 수 없다는 것이다. 신체가 없으면 '나'는 커피숍에 가까이도, 멀리도 있을 수 없다. 원근을 비교하는 수단이 없기 때문이다. 또한 신체가 없다면 '나'는 태양빛을 피부로 느끼거나, 태양빛을 향해 눈을 올려다볼 가능성을 잃고 태양과 관계하려고 할 수 없다. 그렇다면 '나'의 존재를 구성하는 수동성과 능동성의 측면은, 신체라는 같은 실재에 의해 체현되는 것이라고 할 수 있다. 무엇도 갖지 않은 '나'의 존재에 신체가 덧붙여지는 것이 아니라 '나'는 신체로서만 존재할 수 있다. 이에 대해 메를로퐁티는 '나란 나의 신체'라는 유명한 말을 남겼다.[48]

'나'의 신체의 현실성 : 수동성의 세 가지 포인트

신체적인 '나'의 이면성에 대해 더욱 자세하게 살펴보자.

우선 신체의 수동성이다. 위치함으로써 그때마다 현실에 있는 사실적 실체가 처음으로 나타난다. 여러분 자신을 되돌아보고, 자신의 신체를 어떻게 이해해야 하는지(어떻게 나타낼지)를 생각해보기 바란다.

---

48 《지각의 현상학(Phenomenologie de la perception)》(1957), 모리스 메를로퐁티

첫째, 자신의 존재를 깨닫기 위해 자신의 존재에 촉발되어야만 한다. 예를 들어 태양빛을 깨닫기 위해 처음으로 빛이 눈에 닿아야만 하는 것과 같다. 하이데거와 미셸 앙리는 이러한 자기 존재에 대한 깨달음을 현상학적 용어로 '자기 촉발(auto-affection)'이라고 불렀다. 이때 우리가 다룰 수 있는 구체적인 실질이 없다면 절대 다룰 수 없기 때문에, 자기 촉발에는 촉발의 내용이 무언가 필요해진다. 여기에 우리 자신이 바로 그 내용이 된다. 예를 들어 갓 태어난 아기를 상상해보기 바란다. 자신의 존재를 처음으로 깨달을 때, 아기는 이미 탄생했으며 신체를 갖고 있어야만 한다. 신체만 있다면, 구체적인 인격이 없어도 배가 고프고 졸음을 느끼는 자신의 존재를 깨닫는다. 이와 달리 성장한 건강한 어른의 경우, 신체는 일상의 자명성에 잠겨 전혀 눈에 띄지 않는다. 그렇지만 피로감으로 몸이 무거울 때(《존재에서 존재자로》에서 다룬 레비나스의 사례), 뇌졸중의 후유증으로 손발이 마비됐을 때, 신체의 현실성을 피할 수 없다는 점에서 '나'의 존재와 신체의 불가분성이 떠오른다.

둘째, 이런 신체의 촉발은 물질성(실재)과 감수성(표현)이라는 두 가지 측면으로 구분할 수 있다. 물질성이란 신체를 둘러싼 주변의 다양한 실재(책상, 아스팔트, 별, 태양 등)에서 신체가 같은 종류의 실재라는 것이다. 예를 들어 우리의 손은 물리학이나 생물학이 연구하는 물체나 생체이기도 하지만, 산책하러 갈 때 문을 여는 것이기도 하고, 이웃과 인사하며 흔드는 것이기도 하다. 제3장에서 본 의미장의 다원성에 대응하여 신체도 다양한 것으로서 실재한다. 이렇게 주위의 실재와 성질이 같기 때문에, 신체는 '커피숍 근처'와 같은 '위치'를 갖는다. 나아가 뛰어난 마르크스 연구자인 사이토 고헤이(1987~)는 인간과 자연의 생태학적 관계인 '물질대사(Stoffwechsel)'도 신체가 자연과 성질이 같기 때문에 성립한다고 강조한다.[49]

그에 비해 감수성이란 신체가 무엇인가를 '느끼는' 것, 다시 말해 스스로 그것이라고 깨닫는 감각을 갖는 것이다. 여기에는 오감과 통각뿐만 아니라, 앞에서 서술한 '피곤하여 몸이 무겁다'와 같은 피로감 등의 감정의 색을 갖는 감각도 포함한다. 이런 감수성은 신체라는 실재가 신체 자신에서 나타나기 때문에 직접 느끼고 받아들일 수 있다. 이는 '어깨가 뭉치면 어깨 결림을 느낀다'와 같이 흔한 일이다. 그리고 신체가 자신에게 드러날 때, 신체와 관계하는 다른 실재(피곤한 신체라면 퇴근길의 무거운 가방, 만원 지하철에 오른 지칠 대로 지친 직장인, 유리창으로 보이는 밤거리 등)도 모두 나타나기 때문에 신체의 느낌에는 신체를 둘러싼 모든 환경

---

49 《대홍수의 앞에》(2019), 사이토 고헤이 (한국 미출간)

도 영향을 미친다. '분위기'라고도 표현할 수 있는 이 단어를 하이데거는 《존재와 시간》에서 '정황성(Befindlichkeit)'이라고 부르고, '나(현존재)'의 근본 요소 중 하나라고 말한다.

셋째, 이러한 두 가지 측면으로부터 '내가, 내가 아닌 것에서, 무언가를 수용한다'라는 좁은 의미에서 '감각'의 의미를 더욱 끌어낼 수 있다.

이는 일단 신체와 그 밖의 실재의 영향 관계다. 예를 들어 아리스토텔레스는 저서 《영혼에 관하여》에서 '감각(aisthesis)'을 다른 사물에서의 작용에 의해 만들어지는 '변이(alloiosis)'라고 정의한다.[50] 다시 말해 산소가 쇠를 산화시키는 것과 마찬가지로, 감각도 자연 속에 나란히 있는 두 실재 사이의 작용 관계가 되는 것이다. 신체와 그 밖의 실재를 이렇게 보는 발상은 근대 일본을 대표하는 철학자 와쓰지 데쓰로(1889~1960)의 '풍토'에 대한 개념에서도 볼 수 있다.

나아가 특히 근대 이후의 철학에서는 감각에 신체의 안과 밖을 나누어 '자신의 외부 영향을 자신의 내부로 받아들인다'라는 다른 의미도 덧붙일 수 있다.

신체의 감수성은 신체뿐만 아니라 신체를 둘러싼 주위의 실재도 동시에 나타나기 때문에, 신체와 주위의 실재를 모두 '보다 근원적'이라고 말할 수는 없다. 그렇지만 신체

---

50 《영혼에 관하여》, 아리스토텔레스

와 다른 실재에는 단순하게 나열할 수 없는 비대칭성도 있다. 왜냐하면 '나'의 존재는 의족과 같은 도구도 포함한 신체의 범위에서만 감수되고, 다른 실재에서는 감수되지 않기 때문이다. 예를 들어 자신의 신체가 있다면 본인의 피로를 느낄 수 있지만, 신체를 제외하고 가방이나 직장인, 밤거리만 있으면 '본인의 피로'는 느낄 수 없다. 그렇다면 감각을, 나란히 선 신체와 사물 사이의 작용 관계가 아니라 '신체 내부에 있는 〈나〉가 자신의 신체 외부에서 오는 〈실재〉로부터 자극을 받는다'라는 '나'를 중심으로 한 비대칭 관계로 다시 파악할 수 있다. 이러한 감각 개념은 《순수 이성 비판》의 칸트에게서도 볼 수 있다. 칸트는 '감성(Sinnlichkeit)'이라는 개념이 '우리가 여러 대상에 의해 촉발되는 방식으로 여러 표상을 획득하는 능력'이라고 정의한다.[51]

'나'의 신체의 가능성 : 능동성의 세 가지 포인트

다음으로 신체의 능동성에 관해 이야기해보자. 관계를 맺으려는 가운데, 신체는 다양한 가능성을 열어놓은 것으로 나타난다. 다시 한 번 자신의 존재 방식에 주목하여 여러분이 당사자로 살아가는 현장과 어떻게 관계를 맺고 있는지 생각해보기 바란다.

---

51 《순수 이성 비판(Critique of Pure Reason)》(1908), 임마누엘 칸트

첫째, 신체는 그때그때 현실에 있는 모습(현실성)을 언제나 초월해버린다. 앞서 위치를 부여받는 것을 신체의 현실성이라고 파악했는데, 그에 비해 가능성으로 열린 신체는 제3자가 '거기'라고 가리키는 듯한 위치를 끊임없이 밟고 넘어선다. 예를 들어 〈도표 6〉을 보며 생각해보자. 왼쪽 사람이 꽈당 넘어지려고 할 때, 오른쪽 사람이 뛰어들어 받치려고 한다. 여기에서 받치려는 사람의 손 위치에 주목해보자. 마침 여러분이 이 그림을 보고 있는 것처럼, 제3자의 시점에서 생각하면 손은 딱 이 그림에 그려진 위치에 있다. 그러나 여러분 자신이 당사자가 되어 넘어지려는 사람에게 뛰어들어 받쳐주려고 했다면 어떻게 될까? 여러분은 자신의 손을 어느 위치에서 느끼게 될까? 분명 그림과 같은 위치가 아닌, 그보다 앞에 손이 '있다'라고 느낄 것이다. 이때 여러분은 자신이 목표하는 행동의 가능성에 근거하여, 여러분의 존재 자체인 여러분의 신체를 자각하고 있는 것이다. 게다가 행동의 가능성을 바탕으로 자각하기 때문에, 그 신체는 제3자가 관찰하는 신체의 현실적인 존재 방식을 뛰어넘어 지금부터 해야 할 행동을 향해 열려 있다. 《지각의 현상학》에서 메를로퐁티는, 이처럼 각 사람이 목표로 하는 행동 가능성을 바탕으로 당사자의 신체가 나타나는 것을 '신체 도식(body schema)'이라고 불렀다. 이 용어는 20세기 초의 생리학, 심리학으로 이어지는데, 메를로퐁티는 이를 당사자인 '나'의 신체를 나타내는 것으로 다르게 사용하고 있다.

<도표 6> 가능성으로 열린 신체

그렇다면 당사자가 살아 있는 신체 도식과 제3자가 본 현실의 신체는 어떠한 관계에 있을까? 물론 여러분은 거울이나 사진에 비친 자신의 신체를 제3자의 시점으로 돌이켜본다. 하지만 돌이켜볼 수 있게 하기 위해서는 그에 앞서, 여러분은 당사자로서 신체 도식을 만들어야만 한다. 왜냐하면 돌이켜보기 전에 당사자 시점에서 스스로의 신체를 자각하지 않는다면, 무엇을 회고해야 하는지 알지 못하게 되기 때문이다. 이렇게 가능성으로 열린 신체는 제3자 입장에서 현실에 있는 신체보다도 선행한다.

'나'의 가능성이 현실성에 선행하는 이러한 사정에 대해, 사르트르는 '실존(existence)은 본질(essence)에 선행한다'라는 유명한 말을 남겼다.[52] 또 20세기 페미니스트 철학의 선구자인 시몬 드 보부아르(1908~1986)는 계약 결혼 관계에 있던 사르트르의 사상을 바탕으로 '사람은 여자로 태어나는 것이 아니라 여자가 되는 것이다'라며 저서인《제2의 성》(1949)에서 목소리 높여 강조했다.[53] 이로써 '여성'이라는 종속적 젠더가 신체의 자연스러운 현실에 근거하여 구별이 아닌, 인간의 자유(가능성)를 억압하는 사회적 산물에 불과하다는 것이 드러났다.

둘째, 신체는 다른 실재가 자신에게 나타나는 의미장을 새롭게 창조한다. 신체가 가능성으로 열린다는 것은 다른 실재와의 관계 방식의 레퍼토리를 다시 익힌다는 것이다. 이러한 자세를 갖춤으로써 신체는, 다른 실재가 자신에게 가질 수 있는 의의의 범위를 새롭게 구성하고 만들어낸다.《존재와 시간》에서 하이데거는, 우리가 꿋꿋하게 살아갈 가능성에 의해 실재의 가능성이 성립하는 이러한 사태를 '기투(Entwurf)라고 불렀다.

앞에서 서술한 사례로 돌아가, 넘어질 것 같은 사람을 잡

---

52 《실존주의는 휴머니즘이다((L')existentialisme est un humanisme)》(1946), 장 폴 사르트르

53 《제2의 성(The Second Sex)》(1949), 시몬 드 보부아르

아주려고 할 때, 여러분에게 그 사람은 '구해야 할 사람'이다. 그렇지 않으면 구하지 않는다. 하지만 여러분에게 그 사람을 잡아줄 가능성 자체가 문자 그대로 전혀 없다면 어떻게 될까? 이때 여러분은 '구해야 할 사람'의 존재를 이해할 수 없다. 왜냐하면 실제로 구할 수 있는지와 별개로, 구하려는 가능성조차 없다면 '도움을 주다'란 무엇을 하는 것인지 알지 못하고, '구해야 할 존재'를 이해하는 전제가 사라지기 때문이다. 반대로 말하면 여러분의 신체가, 뛰어들어 받쳐줄 가능성으로 열려 있기 때문에 '구해야 할 사람'의 존재를 이해할 수 있는 것이다. 이렇게 신체가 가능성으로 열려 있음으로써 그 이전에는 없었던 실재의 의미장이 개방된다. 이는 20세기 생물학자인 야콥 폰 윅스킬(1864~1944)이 몰두한, 스스로의 생체에 맞춘 생식 환경인 '환세계(Umwelt)'를 조직하는 동물(표시하여 구역을 만드는 강아지 등)에도 적용할 수 있다.[54]

그렇지만 제3장에서 본 것처럼 의미장은 인간이 있건 없건 간에 상관없이 성립하는 실재를 표현하는 상황이었다. 그렇다면 신체가 의미장을 창조한다면 이 둘의 관계를 어떻게 파악할 것인가?

존재의 순서에서 보면 신체의 가능성보다 실재와 의미

---

54 《동물들의 세계와 인간의 세계》, 야콥 폰 윅스킬

장의 현실성(실현하여 그곳에 있는 것)이 선행한다. 새롭게 의미장을 창조한다고 하더라도, 신체는 의미장을 초월하는 창조신과 같은 시점에 서지 않는다. 전혀 반대로 신체는 자신이 만든 의미장 위에서 살아가며, 그 현실성의 일부가 되도록 창조할 수밖에 없다. 예를 들어 구해야 할 다른 사람이 실존하고, 나아가 뛰어들어 받쳐주는 발의 지면이나 호흡해야 할 대기 등 무한한 요소가 구성하는 의미장이 성립하지 않는다면, '도우려고 하는' 신체의 가능성도 없어지게 된다. 도와야 할 다른 사람이 현실에 실존하지 않는다면 '도우려고 하는' 가능성은 없을 것이다. 오늘날 사변적 실재론을 말한 퀑탱 메이야수는, 지구나 우주를 '인류 탄생에 선행하는 자연'으로서 중요하게 생각했다.[55] 그러나 이런 자연과학적인 자연의 현실성은 '나'의 신체 없이 존재만 할 뿐, 신체가 그곳에 살아가는 현실이라는 점에서는 '뛰어들어 잡아줘야 하는 상황'으로 변하지 않는다.

그에 비해 인식의 순서에서는 신체의 가능성이 있기에 현실의 실재와 의미장을 이해할 수 있다. 방금 본 것처럼 도와줄 가능성이 없다면, '도와줘야 할 사람'은 이해할 수 없다. 또한 빅뱅과 같은 '인류 탄생에 선행하는 자연'이라고 해도 관찰이나 실험을 당사자 시점에서 실행할 가능성이

---

55 《유한성 이후(Apres la finitude)》(2006), 퀑탱 메이야수

'나'는 누구인가

없다면, 그것이 존재한다는 것을 이해할 수 없다.

지금까지의 내용을 정리하자면, 존재의 순서에서는 신체의 가능성이 존재하기 위해서는 의미장의 현실성이 전제가 되지만, 인식의 순서에서는 신체의 가능성이 없다면 의미장은 이해되지 않는다고 말할 수 있다.

셋째, 신체가 가능성으로 열린 존재 방식에서 '내가, 내가 아닌데, 관계할 수 있다'라는 좁은 의미의 '능력(ability)'을 이끌어낼 수 있다. 능력에는 직접 및 한 번에 사항을 이해하는 측면과, 사항을 어느 장에서 분절하여 파악하는 측면이라는 이중성이 있다.

전자 측면에서는 사물이 이러이러한 실재로서 나타나는 장 자체를 이해할 수 있다. 방금 말한 것처럼 가능성으로 열림으로써 신체는 '도와줘야 하는 사람'과 같은 실재가 있을 수 있다는 것 자체를 이해할 수 있게 된다. 그 이해는 '도와준다'라는 '나'의 신체의 가능성으로 직접 얻을 수 있기에 다른 것과의 관계를 필요로 하지 않는다. 고대 그리스에서는 실재의 진상(이데아와 형상)을 직접 파악하는 인식 능력을 '지성(nous)'이라고 불렀다.

후자 측면에서 신체는 스스로의 가능성에 비추어, 그때그때의 개별적인 실재를 행동의 문맥에 놓을 수 있는 것으로서 받아들인다. 여기에서 사물은 그것만으로 직접 파악할 수 없고, 신체가 개방한 의미장을 통해 간접적으로 이해된다. 예를 들어 넘어지는 사람을 도우려고 할 때, 눈앞의 그 사람은 '도와주다'라는 가능성에 비추어 '도와줘야 하는 사람'으로서 이해할 수 있다. 플라톤은 《국가》에서 실재의 성립을 가정해야만 하는 인식 능력을 '사고력(dianoia)'이라고 했다. 또 하이데거는 《존재와 시간》에서 문맥에서 분절화하는 행위를 '해석(Auslegung)'이라고 불렀다.

철학자 사카베 메구미(1936~2009)는 '나'의 능력을 파악하는 방법은 직접지(直接知)와 간접지(間接知)라는 이중성을 둘러싸고 역사적으로 크게 변화했다고 정리한다.[56] 요약하자면 그 변화는 직접지가 쇠퇴하고 간접지에 종속되는 역사다. 고대 그리스에서는 실재의 진상을 직접적으로 파악하는 '지성(nous)'이 최고 위치에 자리하고, 분절화된 개념지는 상대적으로 낮은 지위에 놓여 있었다. 이 서열 관계(hierarachie)는 중세 라틴어로 'intellectus(지성)'과 'ratio(이성)'으로도 계승된다. 그러나 근대 이후, 특히 칸트 시기에 'intellectus(지성)'이 'Verstand(오성)'으로, 'ratio(이성)'이 'Vernunft(이성)'으로 번역되면서 기묘한 역전이 일어났다. 왜냐하면 칸트가 말하는 '오성'은 판단의 힘, 최고 위치에 있는 '이성'은 추론의 힘이며, 모두 구분되는 인식 능력이기 때문이

---

56 《유럽 정신사 입문》(2012), 사카베 메구미 (한국 미출간)

'나'는 누구인가

다. 여기에서 직접적인 인식은 가장 낮은 위치인 '감성'으로 갇혀버렸다. 사카베 메구미의 주장을 보충하면, 이러한 고대의 형이상학적 직관이 방치한 역사의 끝에, 제2장에서 다루었던 니체의 형이상학 비판과 '신의 죽음'의 시대 인식이 있다. 이렇게 '나'의 능력을 파악하는 방식은 인간과 세계의 관계에 대한 역사를 더듬어가는 매우 중요한 지표(Merkmal)가 된다.

'나'의 탄생과 죽음

지금까지 '나'가 '나'인 동일함, 그리고 세계에 있는 '나'의 두 가지 측면(신체의 수동성과 능동성)에 대해 이야기했다. 그렇다면 이런 '나'는 어디에서 시작하고 어디에서 끝나는 것일까? '나'의 시작과 끝은 일반적으로 '탄생'과 '죽음'이라고 부른다. 철학적 질문을 만드는 것이 결국 당사자로서의 '나'라면, 여기에는 철학의 가장 간단한 출발점을 둘러싼 뒤얽힌 복잡함이 있다.

탄생과 죽음의 확장

'나'의 탄생과 죽음이라는 말을 듣고 가장 먼저 떠오르는 것은 '나'(예를 들어 가게야마 요헤이)가 수십 년 전에 어딘가에서 태어나, 수십 년 후 어딘가에서 죽는다는 너무나 흔한 이야기다. 그러나 '탄생하다' 혹은 '죽다'라는 단어는 더 풍부하게 확장할 수 있다. 예를 들어 아이가 생겨 부모가 된 사람은 '다시 태어난' 듯한 감정을 느끼고, 가까운 가족이나 친구가 세상을 떠난 사람은 마치 '죽은' 듯한 기분을 느낀다. 게다가 '나'가 이렇게 존재할 때, 현생인류가 수십만 년 전에 '탄생'했다는 사실이 전제가 된다. 더욱 확장하면, 핵전쟁이나 기후 위기에 의해 인류가 '멸망'하는 것도 진지하게 상상해야 하고, 반대로 누군가 다시 '탄생'하여 다음 세대가 구성되는 경우도 있다. '나'의 탄생과 죽음은 '나'의 시점에서 출발하지만 '나'만의 문제는 아니다. 철학자는 이렇게 수많은 함축이 담긴 주제에 대해 다양한 방식으로 몰두했다. 예를 들어 고등학교 윤리 시간에 소크라테스가 철학을 '죽음의 연습(meletē thanatou)'이라고 부른다는 것을 들었던 기억은 없는가? 이는 아주 작은 일례지만, 역사적으로 철학에서는 탄생보다 죽음을 더 많이 논하고 있다. 뒤에서 다루겠지만, 그 이유는 철학적 질문이 신체에 갇힌 한 개인으로서의 '나'를 뛰어넘어 '존재'나 '실재'라는 주제로 향한다는 데 있다. 다만 이런 흐름과 별개로 '나'와 타인과의 연결에 초점을 맞추어 탄생을 논한 철학자도 있다. 탄생과 죽음을 둘러싼 이러한 철학의 역사를 바탕으로, 지금부터 '신체를 살고 있다'와 '타인과 언어를 교환하다'라는 '나'의 존재 방식에 근거하여, '나'의 존재의 시작과 끝에 대해 이야기해보자.

타인과 이어지는 이야기

우선 탄생부터 살펴보자. 이미 본 것처럼 '나'가 '나'인 동일함의 뿌리에는 '타인과의 언어 교환'이 있다. 그러므로 '나'라는 존재의 시작에 대해 생각하는 것은 자신과 다른 시점을 가진 타인과의 관계가 처음 성립하는 것이 어떤 의미인지를 생각하는 것이다. 결론을 먼저 말하면, 그 의미는 세대를 뛰어넘어 쌓아올리는 타인과의 연결인 이야기로 태어나는 것이나 다름없다.

처음으로 자신이 막 태어난 상황을 상상해보기 바란다. 만약 병원이라면, 거기에는 여러분의 부모나 의료진이 있고, 여러분이 태어난 분만실이 있을 것이다. 그렇다면 이제 막 태어난 여러분에게 그 상황은 어떻게 받아들여질 수 있을까? 그에 대해 세 가지 측면을 구별할 수 있다.

첫째, 탄생의 상황은 어디까지나 여러분의 상황이므로 여러분 없이는 존재하지 않는다. 이제 막 태어난 아기이긴 하지만, 여러분은 한 명의 인간으로서 여러분을 둘러싼 상황에 놓여 있고, 그에 관계하고 있다. 앞서 신체의 능동적인 창조성에 대해 이야기한 것처럼, 아기가 그곳에 존재하기 때문에 비로소 아기의 보호자도 존재하는 것이다.

둘째, 탄생의 상황은 '태어났을 때 이미 그곳에 있었다'라는 의미로, 여러분의 존재보다 선행하는 것이다. 당연한 말이지만 부모나 병원의 의료진은 여러분의 탄생과 동시에 존재를 시작한 것이 아니다. 보호자와 분만실이 이미 현실에 있기 때문에 그곳에서 여러분이 탄생할 수 있었던 것이다. 이 또한 방금 설명한 것처럼 신체의 가능성은 실재의 현실성이 있기에 존재할 수 있는 것이다.

셋째(이것이 가장 중요하다), 탄생의 상황은 그 자신의 현실성을 뛰어넘어, 다른 시점에 선 타인과의 언어 교환에 여러분을 직면하게 만든다. 그것은 바로, 분만실에서 부모나 의료진과 같이 눈앞에 있는 타인이다. 그밖에도 여러분이 태어난 상황에는 아주 오래전 세상을 떠났지만 후세에 메시지를 남긴 사람들의 흔적이 되는 수많은 것(실재)이 있다. 예를 들어 여러분이 태어나기 전에 돌아가신 할아버지, 할머니의 유품 등을 생각할 수 있으며, 더 나아가면 에도 시대로 거슬러 올라가 전통적인 공예품이나 죽은 지 2,000년이 넘은 소크라테스의 대화 기록도 들 수 있다. 물론 여러분이 이미 세상에 없는 사람에게 말을 건네고 자신의 언어를 이해시키는 것은 불가능하다. 그러나 그 타인이 남긴 메시지를 여러분이 전해들을 수 있다. 마찬가지로 여러분은 여러분 자신의 죽음을 뛰어넘어, 미래의 타인에게 메시지를 남겨서 이야기를 전할 수 있다.

'역사'를 이루고 있다는 것

이렇게 보면 탄생하여 존재가 시작할 때, 여러분 자신인 '나'는 세대를 초월하여 쌓아올린 타인과의 언어의 연결 속에서 태어나는 것이라고 말할 수 있다. 여기에는 언어의 본래 의미로의 '역사(history)'의 원현상(原現象)이 있다.

가장 오래된 역사가 중 한 명인 고대 그리스의 헤로도토스는 그리스의 도시국가 연합과 페르시아 제국이 대립한 페르시아 전쟁에 대한 이야기《역사(historiae)》를 썼다. 헤로도토스는 이 책의 서두에서 그리스인과 페르시아인이 살았던 흔적이 시간이 지남에 따라 잊히지 않도록, 기록과 전해 들은 말을 '조사(historia)'한다고 서술한다. 즉 '역사(history)'의 출발점은 '나'보다 이전에 세상을 떠난 사람들의 흔적을 모아, '나'가 죽은 후에 살아가는 사람들에게 맡기는 데 있는 것이다. 이런 점에서 세대를 초월하여 역사라는 이야기를 전하는 행위는 '나'의 존재에 대한 방식에 깊게 뿌리내린 것이다. 하이데거는《존재와 시간》에서 이를 '역사성(Geschichtlichkeit)'이라고 불렀다.

주목해야 할 점은 '나'의 탄생과 그 역사성이, 방금 전 시사한 '죽음'을 중시하는 전통적인 철학과 긴장 관계에 있다는 것이다. 여기에는 탄생과 죽음이 서로 얽히는 중의적 경계의 일면이 있다. 철학자 모리 이치로(1962~)는 20세기를 대표하는 정치 철학자 한나 아렌트(1906~1975)가 그 점을 더욱 날카롭게 부각시켰다고 강조했다.[57] 한나 아렌트는 한때 하이데거와 불륜 관계에 있었으며, 또 전 연인이 협력한 나치 독일로부터 망명할 수밖에 없었던 유대인이기도 하다.

저서인 《인간의 조건》에서 아렌트는, '역사(Geschichte)'를 작자(신이나 역사 법칙)가 없는 이야기로 규정했다.[58] 이 이야기는 명확한 시작도 끝도 없으며 공동의 장에 나타난 워싱턴이나 나폴레옹 등 등장인물의 존재를 드러낼 뿐이다. 그로써 아렌트가 '탄생성(natality)'이라고 부르는, 세대를 뛰어넘어 쌓을 수 있으며 둘도 없는 각 존재의 시작, 다시 말해 탄생이 증명된다. 이렇게 세대를 초월한 삶의 흔적(불후의 명성 등)이 계승되는 이상, 각각의 사람들과는 어떤 종류의 불사성에 관여한다. 아렌트는 이 불사성에서 공동의 언론으로 정치를 행하는 시민의 '활동적인 삶'의 특징을 보았다.[59]

그러나 아렌트는 플라톤 등의 철학자가 인간을 초월한 영원한 사상(제2장에서 언급한 '존재')을 목표함으로써 사정이 급변한다고 생각했다. 왜냐하면 영원한 사상을 목표하는

---

57 《죽음을 뛰어넘는 것》(2013), 모리 이치로 (한국 미출간)

58 참조: 《인간의 조건(vita activa)》(1958), 한나 아렌트

59 참조: 《인간의 조건(vita activa)》(1958), 한나 아렌트

가운데, 결국 유한한 것밖에 없는 현세의 불사성은 반대로 방해가 되므로 오히려 '죽음'에 의해 유한한 삶을 초월해야 하기 때문이다. 소크라테스가 '죽음의 연습'을 설명한 이유도 영원한 이데아를 바라보기 위함이었다. 모리 이치로가 설명하는 것처럼, 한나 아렌트는 철학자의 '명상적인 삶(vita contemplativa)'과 시민의 '활동적인 삶(vita activa)'의 대립으로 서양의 정치적 쇠퇴가 시작한다고 보았다.[60]

탄생과 역사성을 중시하는 아렌트의 주장은 매우 중요하다. 왜냐하면 철학자가 아무리 인간을 초월한 영원성을 추구한다고 해도, 철학자가 한 사람의 당사자로서 다른 시민과 똑같이 탄생했다는 것에는 변함이 없기 때문이다. 신체를 뛰어넘어 영원한 존재를 목표로 하는 죽음의 철학은, 세대를 초월하여 거듭하는 사람들의 탄생 이야기를 전제로 하고 있다.

죽음에 임하는 태도

다음으로 죽음 자체에 주목해보자. 확실히 탄생이 신체의 마지막인 죽음보다 훨씬 더 근원적인 사건이다. 그렇지만 죽음의 개념에 대한 의의는 그뿐만이 아니다. 지금부터 '신체를 살아가는' 측면에서 죽음을 바라보고, 철학의 역사

---

60 참조:《인간의 조건(vita activa)》(1958), 한나 아렌트

에서 '나'가 죽음에 관계했던 모습을 정리한다. 그리고 '타인과 언어를 교환한다'라는 '나'의 근간에 관계하는 죽음의 존재 방식에 대해 이야기한다.

앞에서 '나'의 신체에는 현실성과 가능성, 두 가지 측면이 있다는 사실을 확인했다. 이를 다르게 표현하면, 신체는 주위의 실재와 같은 것으로서의 성격과 주위의 실재에 관계하는 능동성을 겸비하고 있다. 그렇다면 이 둘은 '나'가 죽으면 어떻게 될까? 우선 당연히 환경에 능동적으로 관계하는 신체의 가능성을 잃는다. 그러나 현실에서 신체는 어떠한 것으로서 나타나는지가 달라질 뿐, 실재로서는 계속 남는다. '나'의 사체는 유족이 애도해야 할 시체나 미생물이 소화하는 유기물, 화장 후 재나 수증기로 여전히 실재한다. 이때 신체는 자신의 존재를 이미 느끼지 않는다. 죽음 직전에 '괴로움' 혹은 '피로'라는 신체 스스로의 표현(자기 촉발)은 점차 감퇴하고, 마지막에 영도가 되어 '나'는 존재하지 않게 될 것이다. 그렇지만 '나'의 신체가 그 일부였던 실재의 끝없는 네트워크는 남으며, 실재가 그때그때 성립한다는 사실로서의 존재도 남는다.

하지만 이것만으로는 사정을 충분히 파악할 수 없다. 왜냐하면 죽음에 관한 '나'의 신체의 이러한 존재 방식은 어디까지나 아직 살아 있는 '나'가 생각하는 것이기 때문이다. 실제로 죽어 있다면 이런 생각을 할 수 없을 것이다. 역설적이지만 죽어서 '나'의 가능성을 잃어버리는 존재 방식에 대해, 생존해 있는 동안의 '나'가 스스로 가능성으로서 관계하고 있는 것이다. 그렇다면 죽음을 어떻게 파악하는지에 따라 '나'가 죽음에 어떤 태도로 임하고 있는지 또한 달라진다.

신체의 죽음의 방식과 죽음에 임하는 태도의 이러한 연결을 보다 구체적으로 살펴보자. 방금 이야기한 '신체는 가능성을 잃지만, 실재와 존재는 계속 남는다'라는 상황은 두 가지 대조적인 방식으로 이해할 수 있다. 첫째, '나'는 신체와 함께 깔끔하게 사라지고, '나'는 무엇과도 관계가 없는 실재의 네트워크(자연 등)와 존재로 남는다. 여기에서 죽음은 '나' 자신의 삶과는 전혀 관계가 없으며, 그에 대해 아무리 고민해도 소용없는 것이 된다.

둘째, 그러나 신체를 뛰어넘는 존재의 네트워크와 그 존재를 이해하는 이상, '나'는 한계가 있는 신체를 뛰어넘어 실재의 네트워크와 존재에 무엇인가 연결되어 있다고도 생각할 수 있다. 이 점에 중점을 둔다면 죽음을 '나'가 소멸하는 부정적인 현상이 아니라, '나'를 감싸주는, 보다 큰 전체의 일부로서 다시 탄생하는 긍정적인 사건으로 생각하면 좋을 것이다.

죽음을 둘러싼 철학의 변화

이러한 양극 또한 철학의 역사를 관통하는 탄생과 죽음의 경계 중 하나의 국면이라고 할 수 있다. 고대 그리스에서 에피쿠로스학파의 에피쿠로스(기원전 341~기원전 270)는 죽음을 신체가 자연(원자) 중에 분해하는 것으로 인식하며, 감각할 수 없고 '아무것도 아닌' 죽음을 두려워하는 것은 어리석은 일이라고 이야기했다.[61] 이와 반대로 플라톤이 그린 소크라테스는 신체라는 감옥을 벗어나, 영원한 이데아(만물의 진리)를 관조하는 영혼의 죽지 않는 존재 방식으로 돌아올 수 있다고 말했다.[62] '죽음의 연습'이라는 소크라테스의 말은 죽음에 대한 이러한 태도를 반영하고 있다. 또 플라톤의 이러한 생각은 후세의 그리스도교 신학에서 받아들이면서, 그리스도교에서는 신체에 한정된 현세의 삶을 초월하여 영혼이 신과 하나가 됨으로써 영원한 생명에 관여하는 가르침을 추구했다.

한편 근대 철학에서는 라이프니츠가 《모나드론》(1714)의 '모나드' 개념을 바탕으로, 죽음에 대한 철학적 가치를 없앴다. 모나드란 '나'를 포함한 제한 없는 다양한 실재(실체)를 나타내는 개념이다. 라이프니츠는 이렇게 모든 실재를 일

---

61 참조: 《에피쿠로스 - 훈교와 편지》(1959), 에피쿠로스, 이와사키 지카쓰구 · 이데 타가시 번역 (한국 미출간)

62 《파이돈》, 플라톤

원적으로 파악하는 입장에서 신체와 영혼의 분리라는 플라톤=그리스도교적인 가정을 뛰어넘어, 죽음도 탄생도 모나드의 끝없는 변화의 일면에 불과하다고 주장했다.[63]

반면 독일 고전 철학에서는 신체를 살아가는 '나'가 스스로에게 본질적인 이상이나 고뇌에 관계하는 방식으로서 다양한 형태의 죽음을 중요하게 생각했다. 칸트는 《실천 이성 비판》(1788)에서 실천 이성의 도덕 법칙('나'의 본성에서 나오는 도덕)에 따라 살아간다면 행복해진다는 이상(최고선)에 대해, 그 이상을 끝없이 추구해야 하며 이성은 영혼의 불사를 '요청(Postulat)'하지 않을 수 없다고 했다.[64]

이와 대조적인 것이 칸트 철학을 계승한 아르투어 쇼펜하우어(1788~1860)다. 저서인 《의지와 표상으로서의 세계》(제1판: 1819년, 제2판: 1844년, 제3판: 1859년)에는 세계와 관계하도록 신체를 몰아세운 본능적 '의지'가, 목표가 충족되지 않는 고뇌에게 영원히 괴롭힘을 당한다는 염세적인 인간관이 나타났다. 그리고 그는 고뇌로부터 구제하는 것은 살아 있는 의지를 부정하는 '죽음'밖에 없다고 여겼다.[65]

나아가 20세기에는 하이데거가 신체를 살아가는 '나'와

---

63 《모나드론((La)Monadologie)》(1714), 고트프리트 라이프니츠

64 《실천 이성 비판(The Critique of Practical Reason)》(1788), 임마누엘 칸트

65 《의지와 표상으로서의 세계((Die)Welt als Wille und Vorstellung)》(1819), 아르투어 쇼펜하우어

제4장
'나'는 누구인가

다른 모든 실재가 성립하는 '실재'의 사실을 바탕으로 독자적인 죽음의 개념을 제창했다. 그가 주목한 것은, 제2장에서 다룬 '언제나 그곳에 있지만, 너무 당연하여 항상 숨어버린다'라는 존재의 불확실성이다. 그 불확실성에서 '나(현존재)'는 주위 실재의 네트워크를 모두 통틀어, 스스로의 실재가 끝을 맞이하는 죽음의 가능성에 대해서도 직면하고 있다. 37세 젊은 나이에 써내려간《존재와 시간》에서는 한결같이 '나'의 존재의 끝에 초점을 맞추고 있는데, 후기 하이데거 철학에서는 모든 실재의 존재에 대한 불확실성에 뒷받침되는 무수한 사람들(죽을 수밖에 없는 존재(die Sterblichen))의 가능성을 말하고 있다. 모든 시기에서 존재의 불확실성에 임할 가능성을 자각하고 책임지는 것이야말로 '나' 자신을 진심으로 긍정하는 길이라는 사실은 변하지 않는다. 그리고 이러한 의론은 두 번의 세계대전과 냉전을 거쳐, 인류가 스스로의 기술 때문에 멸망할 가능성을 실제로 느낄 수 있는 시대가 이루어지게 한 것이다. 하이데거의 유대인 제자였던 한스 요나스는《책임의 원칙》(1979)에서 아직 존재하지 않는 미래 세대에 대한 현대 세대의 책임을 주장하고, 파멸적인 기술에 대한 저항을 논했다.[66]

---

66 《책임의 원칙(Das Prinzip Verantwortung)》(1979), 한스 요나스

니시다 기타로가 노래한 죽음에 임하는 '나'

그렇다면 지금까지 정리한 철학 역사상의 죽음에 대한 개념은, 방금 살펴본 탄생의 사건을 전제하여 비로소 성립한다. 왜냐하면 신체와 함께 사라지기 위해서 '나'는 우선 세대를 초월한 탄생의 연속 가운데 태어나야만 하기 때문이다. 그렇지만 철학에서 모든 죽음이 이차원적 문제가 되는 것은 아니다. 더욱 근본적인 죽음의 개념이 있을 수도 있다.

탄생과 죽음을 다르게 생각하지 않고, '나'가 존재한다는 단 하나의 사건의 양면으로 파악해보자. 분명 탄생하여 존재가 시작되는 순간, '나'는 세대를 초월한 사람들의 연결로 이루어져 있다. 하지만 탄생은 정말 우연한 사건이다. '나'가 과거 세대의 흔적을 짊어지고 태어나야만 하는 이유도 없고, 또 '나'의 흔적을 이해해주는 미래 세대의 타인이 있다는 보증도 없다. 세대를 뛰어넘은 사람들과의 연결을 영원히 잃어버려 아무도 없을 가능성은 언제나 생각할 수 있다. 예를 들어 10년 후 우주에는 어쩌면 모든 인류가 존재하지 않고, 생명조차 존재하지 않는 상황이 있을 수도 있다. 그렇게까지는 아니더라도 요나스가 논한 것처럼, 인류가 자신의 기술로 스스로 멸망할 가능성도 결코 무시할 수 없다. 이렇게 다름 아닌 탄생이라는 사건 자체에는 '나'를 포함한 모든 사람들이 영원히 잃어버리는 '무상함'이 있다. 탄생은 목숨 자체의 연약함이라는, 가장 근원적인 '죽음'과 뗄 수 없는 존재다.

그렇다면 이러한 근원적인 죽음의 가능성에 임한다는 것은 '나'에게 어떤 의미일까? 직감적으로 생각할 수 있는 단서로 니시다 기타로가 읊은 시구를 인용한다.[67]

내 마음에는 깊은 밑바닥이 있다. 그곳에는 기쁨도 근심의 파도도 닿지 않을 것이다.

이것을 읊을 당시, 니시다 기타로는 52세였다. 학계에서는 이미 명성을 떨치고 있었지만, 장남과 아내가 세상을 떠나고, 딸도 병에 걸리는 등 가정에서는 참을 수 없는 슬픔의 나날들이 이어졌다고 전해진다. 철학자인 미네 히데키 (1950~)는, 이 노래에서는 모든 실재가 그때그때 성립한다는 우연한 사실(이 책에서는 '존재'라고 부르는 것)에 있는 '나'의 존재 방식, 다시 말해 죽음의 가능성에 임하는 '나'의 모습을 그리고 있다고 전한다.[68] 매우 딱딱한 말을 하는 사람이었던 니시다 기타로는 '절대 무(無)의 장소에 관한 자기 한정'이라고 말하기도 했다.

---

67 《니시다 기타로 전집, 제11권, 소편 외》(2005), 니시다 기타로 (한국 미출간)

68 〈존재의 비애와 무의 자애〉, 미네 히데키, 일본 학술지 《하이데거 포럼》 vol.8

이 노래에서 '나의 마음' '깊은 곳'에는 '기쁨도, 근심의 파도'도 닿지 않는다고 말하는 부분에 주목하기 바란다. 여기에는 니시다가 기쁨이나 슬픔의 정서를 느끼는 신체보다 더 근본적인 차원에서 '나'의 근본을 보고 있다는 점을 알수 있다.

여기에서 '깊은 곳'을 '생각하는' 것이 죽음에 임하는 태도로서 어떤 의미일지 상상해보기 바란다. 골똘히 생각하며 '나'는 가족을 포함한 누구로부터도 말이 닿지 않고, 누구에게도 말이 닿지 않는 절대적인 고요함에 잠겨간다. 아무리 말하려고 해도 알 수 없는 허무 속으로 모든 언어가 부서져간다. 그때 '나'는 생각할 수 있는 가장 깊은 고독이다. 왜냐하면 '나'뿐만 아니라 세대를 초월하여 이어진 모든 사람들의 흔적을 영원히 잃어버릴 가능성과 마주하기 때문이다. 그렇다고 해도 그 고독은 '나' 혼자서 끌어안는 것이 아니다. 과거와 미래의 모든 사람들과 함께 죽음에 임하는 '나'는 고독하다.

질문을 받으면 '나'의 자유가 시작된다

제4장에서는 '나'를 둘러싼 기본 문제로 동일성, 신체의 수동성과 능동성, 그리고 탄생과 죽음에 대해 이야기했다. 이는 여러분 한 사람 한 사람인 '나'의 성립을 고민하기 위해 가장 먼저 몰두해야 할 문제다. 그렇다면 '나'에게, 이 책의 주제인 '질문을 던지는 자'로서의 '인간'은 어떤 의의를 가질까?

서로를 자극하는 '나'와 '타인'

지금까지 '나'의 바탕에는 타인과의 언어 교환이 있다고 반복적으로 서술했다. 이에 대해 언어를 교환하는 신체를 포함하여 더욱 구체적으로 살펴보자. 여기에서 부각되는 것은 '나'와 타인의 매우 적절한 긴장 관계다. 사르트르는 저서 《존재와 무》(1943)에서 이를 '나'와 타인의 시선의 상극으로 생생하게 묘사했다.[69]

---

69 《존재와 무(L'Etre et le Neant)》(1943), 장 폴 사르트르

그는 우선 당사자로서 그때그때의 상황에 위치하는 '나'
는, 매번, 지금 여기 바로 그 자리에 있음으로써 다른 사람
과는 결코 바꿀 수 없는 유일무이한 존재라고 말한다. 타인
의 모습은 얼마든지 많이 바라볼 수 있지만, '나' 자신은 지
금, 여기에만 있다. 그러나 이는 다른 사람에게도 똑같이
말할 수 있다. 타인 또한 그의 시점에서 그때그때의 상황
에 있는 것이기에 그 사람은 자신이 유일한 존재이며, 그러
한 '나'는 그 사람 이외의 여러 사람 중 한 사람에 불과하다.
그렇다면 이런 '나'와 타인이 마주한다면 어떻게 되는 것일
까? 자신이 정말로 유일무이한 존재인지 의심이 들고, 서로
마주하는 상황에서 자신의 존재에 불안을 느끼게 될 것이
다. 이 불안은 '나'의 바탕에서 타인과 관계하는 이상, 피할
수 없다. '나'의 존재 자체에 뿌리내린 다른 사람과의 원초
적인 상극은 사르트르 이후, 한나 아렌트나 푸코의 철학과
결합하여 '경계(border, boundary)'라는 키워드를 바탕으로 정
치사상이나 젠더론 등 다양한 분야에 응용되고 있다.[70]

사르트르의 대답

이러한 원초적 상극에 휘말린다는 것은 마음을 불안정

---

70   참조 1: 《경계의 현상학》(2014), 고노 데쓰야 (한국 미출간)
     참조 2: 《경계선의 정치학》(2005), 스기타 아쓰시 (한국 미출간)

하게 만드는 사건이다. 그렇지만 그 동요에 놓인 가운데 '나'에게는 자기 자신이 문제가 되고, 거기에서 처음으로 '나'의 존재가 '자신을 표현'한다. 그런 의미에서 '나'와 타인의 원초적 상극은 '나'의 존재를 '보일 수 있도록' 한다. 여기에도 제1장에서 다룬 '사상'과 '질문'의 구조가 있다.

'나'의 존재를 보이도록 하는 '질문을 던지는 자'의 자세는, 다름 아닌 사르트르의 《실존주의는 휴머니즘이다》라는 책에서 다루고 있다. 사르트르의 회상에 따르면, 프랑스가 독일군에 점령당한 제2차 세계대전이 한창일 때, 그는 어떤 프랑스 청년에게 상담 요청을 받았다고 한다. 그 청년은 나치 독일에 대항하는 레지스탕스에 참여하고 싶으나, 집에 남겨진 노모를 떠올리면 쉽게 결정을 내릴 수 없으니 자신이 어느 길로 나아가야 하는지 알려달라는 상담이었다. 이에 사르트르는 태연하게 이렇게 대답했다.[71]

당신은 자유다. 선택하라. 다시 말해 창조하게나.

사르트르가 이 말에서 나타내고 싶었던 것은 실존의 주체적 자유다. 실존의 주체적 자유란 어떻게 살아가야 하는

---

71 《실존주의는 휴머니즘이다((L')existentialisme est un humanisme)》(1946), 장 폴 사르트르

지 아무도 가르쳐주지 않지만, 자기의 존재 방식을 매번 스스로 선택하고 만들어가는 자유다. 사르트르는 이러한 자유관에 따라 앞에서 다룬 현실성을 극복하는 '나'의 가능성을 극대화했다. 이 자유는 누구도 지지해주지 않는 지나치게 가혹한 것으로, '나'를 불안하게 만든다. 그는 낭떠러지 끝에 섰을 때, 추락에 대한 공포뿐만 아니라, 몸을 내던진다는 선택을 해버리는 자신의 자유에 무심코 전율을 느껴버리는 감정이 자유의 불안이라고 비유했다. 이 불안은 살아갈 가능성으로 열려 있는 '나'의 존재 자체를 나타나게 한다.

그러나 사르트르가 표면상 서술하지 않은 것을 보충하여 설명하지 않으면 안 된다. 바로 '당신은 자유다'라는 그의 강력한 대답은 청년이 '어떻게 해야 좋은지'라고 묻지 않았다면 나올 수 없었던 것이다. 질문을 하고, 당사자의 삶의 불확실성을 '보이도록 하는' 것이 아니라면 애초에 선택할 필요가 없으며, 가능성으로 열린 자유도 '자신을 가리키지' 않는다. 그런 의미에서 '나'라는 철학의 근본 사상의 바탕에는 '질문을 던지는 자'로서의 '인간'이 전제되어 있다.

이 책의 이야기는 여기까지다. 지금까지 읽어준 독자 여러분에게 감사의 말을 전한다.

마지막으로 이 책의 가장 중요한 메시지를 다시 한 번 강조하려고 한다. 철학의 궁극적인 문제는 바로 여러분 자신이라는 점이다. 서로 질문을 던지는 여러분의 대화에 철학의 모든 사상이 집약되고, 그로부터 다시 나타난다. 그 대화는 철학자만의 것이 아닌, 지극히 당연한 일상을 살아가는 모든 사람들이 나누는 언어로 연결되어 있다. 소크라테스가 아테나이의 한 시민이었던 것처럼 철학적 질문은 일상속 언어 한가운데에 있으며, 일상 자체가 얼마나 수수께끼로 가득 찬 것인지 다시 외치는 것뿐이다.

그 일환으로 '존재', '실재', '나'를 둘러싼 기본 논점을 소개했다. 이 책은 철학이 몰두하는 모든 사상을 존재의 순서에 근거하여 개관한 것이다. 이로써 여러분은 철학이 중요하게 생각한 다양한 사상을 멀리 내다보는 시점을 갖게 되었다. 다시 말해 철학자뿐만 아니라 과학자, 예술가, 그 외의 어떤 사람이든 인간이 관계하는 사상의 총체적인 확장을 이해하는 시야가 이 책에서 펼쳐지는 것이다.

이 책에서 다루지 않았던 철학적 질문들도 물론 많다. 그것은 인식의 순서에 근거하여 '나'가, '나' 자신과 실재와 존재에 관계하는 방식을 검토하는 과제다. '나'는 타인이나 자신과 어떻게 관계를 맺고 있을까? 또 '나'는 다른 사람과 더불어, 자연과학적인 자연을 포함한 다양한 실재와, 나아가 세계 자체의 사실인 존재나 신과는 어떻게 관계하고 있을까? 우리가 사상과 관련된 질서의 일반 구조를 밝히는 일의 일환으로서, 지식론이나 행위론이라고 불리는 철학의 큰 문제 영역이 여기서 탄생한다. 나아가 전통적으로 구분되는 이론 철학, 논리학과 사회 철학, 그리고 미학과 종교 철학은 우리의 사상과 관련된 질서 방식으로 다시 인식하기도 한다.

존재와 인식의 순서에 근거한 이러한 과제들은 결국 스스로를 나타내고 드러내는 '사상'과, 보일 수 있도록 하는 '질문'의 관계로 정리할 수 있다. 그리고 처음으로 우리 자신에게 다름 아닌 '질문을 던지는 자'로서의 인간도 구체적인 모습으로 떠오를 것이다. 이는 논리적으로 명석한 체계를 구축한다는 학자 이외의 사람에게는 크게 중요하지 않은 목적 때문이 아니다. 우리가 살아가는 방식의 모든 것이 새롭게 탄생하는 그 모습을 진심으로 받아들이기 위해서다. 스스로 자신 안에서 그 모습을 발견하고, 그로부터 자신에 관한 질문을 가지고, 새롭게 현실과 관계를 맺기 위해 철학적 질문은 존재한다.

이 책은 필자가 강의한 간세이학원대학과 도쿄대학에서 실시한 수업을 바탕으로 하고 있다. 시행착오를 겪으며 자신이 나아가야 하는 길을 묻는 나의 강의는 결코 쉬운 수업은 아니었을 것이다. 긴 시간 인내하며 수업을 들어준 학생 여러분에게, 특히 이 책의 초고를 읽고 유익한 코멘트를 해준 간세이학원대학의 야기 미도리 씨, 아오이 고타로 씨, 겐노 히카루 씨, 가토 리쿠 씨, 다니구치 류세 씨, 노마루 아즈사 씨에게 감사 인사를 전한다. 또한 이 책의 원고를 보고 매우 뜻 깊은 조언을 해준 코분샤 출판의 가와이 겐타로 씨에게도 진심으로 감사의 말을 전한다. 마지막으로, 한국어판 번역자 오정화 님과 교정에 협력해 주신 도쿄대학 노수빈 님께도 깊은 감사의 말을 전한다.

가게야마 요헤이